2ª edição
2.100 exemplares
Janeiro/2022

© 2017 - 2022 by Boa Nova Editora.

Capa e projeto gráfico
Juliana Mollinari

Diagramação
Juliana Mollinari

Revisão
Alessandra Miranda de Sá

Assistente Editorial
Ana Maria Rael Gambarini

Coordenação Editorial
Ronaldo A. Sperdutti

Impressão
Renovagraf

Todos os direitos estão reservados. Nenhuma parte desta obra pode ser reproduzida ou transmitida por qualquer forma e/ou quaisquer meios (eletrônico ou mecânico, incluindo fotocópia e gravação) ou arquivada em qualquer sistema ou banco de dados sem permissão escrita da Editora.

O produto da venda desta obra é destinado à manutenção das atividades assistenciais da Sociedade Espírita Boa Nova, de Catanduva, SP.

1ª edição: Fevereiro de 2017 – 2.000 exemplares

ROMANCE

NUNCA É TARDE PARA PERDOAR

HUMBERTO PAZIAN

Instituto Beneficente Boa Nova
Entidade coligada à Sociedade Espírita Boa Nova
Av. Porto Ferreira, 1.031 | Parque Iracema
Catanduva/SP | CEP 15809-020
www.boanova.net | boanova@boanova.net
Fone: (17) 3531-4444

Dados Internacionais de Catalogação na Publicação (CIP)
(Câmara Brasileira do Livro, SP, Brasil)

Pazian, Humberto
　　Nunca é tarde para perdoar / Humberto Pazian. --
Catanduva, SP : Instituto Beneficente Boa Nova, 2017.

　　ISBN: 978-85-8353-070-1

　　1. Espiritismo 2. Romance brasileiro I. Título.

17-01793　　　　　　　　　　　　　　　　　　　CDD-133.9

Índices para catálogo sistemático:

1. Romance espírita : Espiritismo　133.9

Sumário

Prefácio 7
De volta 9
Celine 13
O incidente 17
A recuperação 21
O romance 27
Atração 31
A permissão 35
A missa 41
O encontro 45
O casamento 49
A trama 53
A vingança 57
Tristeza 63
Margarete 71
O passeio 77
Compromisso assumido 81
Os preparativos 85
O pequeno Arnaldo 91
Os ciganos 95
A poção 99
Maus presságios 103
O destino 109
O reencontro 113
O veneno 117
Desencarne 119
Na erraticidade 125
Ana 129
Casa de Francisco 133
O único caminho: o amor 139

Prefácio

No desenvolver das faculdades mediúnicas, muitos são os desafios que nos são impostos. O maior deles é, sem dúvida, a nossa transformação pessoal. Na condição de médiuns, é necessário nos modificarmos e libertarmo-nos de vícios e imperfeições que nos impedem de alcançar a vibração sutil dos espíritos benfeitores. Passo a passo nos aproximamos da espiritualidade, que, sempre presente e misericordiosa, reconhece nossas limitações e nos inspira a perseverar nessa transformação interior.

Graças à infinita misericórdia do Criador, aqui estamos, desta vez servindo de intermediário para transmitir uma verdadeira lição de vida na forma de um belíssimo romance. Se em outras obras fui inspirado por bons amigos espirituais, neste livro um deles tomou a frente da tarefa e, na frequência mediúnica, transmitiu a narrativa que tive a grata satisfação de psicografar. Em determinados momentos deste trabalho, vimo-nos em pleno palco dos acontecimentos, observando de perto os efeitos do ódio e do amor. Trata-se, portanto, de uma história verídica de cujo enredo – quem sabe? – talvez fizemos parte.

Em algumas ocasiões, ficava à disposição do espírito comunicante para dar continuidade ao trabalho e nada acontecia. Hoje entendemos que a ansiedade que por vezes dominou meu pensamento – preocupado que estava com a responsabilidade que sentia pesar sobre os ombros – impediu que a comunicação fluísse. Mas, à medida que me entregava confiante à tarefa, desligado de outras preocupações, sentia que a narrativa se desenrolava como um novelo de lã que serve para a confecção de um agasalho...

Durante a psicografia, fui acompanhado por um bom amigo espiritual, que considerou dispensável a menção de seu nome. Se necessário se faz atender ao seu desejo, sinto me à vontade para afirmar que é dele todo o mérito do trabalho realizado, do qual nos consideramos simples relatores. Por vezes, em algumas ocasiões nas quais a vibração do ambiente é elevada na direção do bem, sentimos a proximidade deste que consideramos um irmão, a quem agradecemos imensamente o proveito do trabalho. Dele extraímos lições marcantes que muito nos ajudaram na reforma íntima. Estou certo de que todos aqueles que se entregarem de coração à leitura deste livro serão igualmente impulsionados nessa direção. Quem sabe se repita com o leitor o que aconteceu comigo: envolver-se, de corpo e alma, nessa trama emocionante, plena de ensinamentos que nos ajudam a prosseguir em nossa caminhada.

São Paulo, dezembro de 2006
Humberto Pazian

Capítulo 1

De volta

Calábria, 1826, sol forte
Um pequeno barco se desloca mansamente em direção a um improvisado cais. Uma vida toda de espera, de resignação, e agora chegara a hora tão aguardada. Será que teria valido a pena? Todos esses anos esperando esse único instante, esse ansiado momento...

Se a vida, como tinham lhe ensinado, era viver os momentos, esse seria o único momento que viveria realmente. E por quê?

França, 1763
Um cavaleiro, em pleno vigor dos seus trinta e dois anos, robusto, esbelto e com longos cabelos cacheados ao estilo da época, cavalga a altas horas da madrugada acomodado em fogoso corcel. Adentra em densa floresta, alternando bruscos cochilos com rápidas troteadas, tentando aproveitar o tempo para brevemente chegar ao seu destino.

Embora o descanso fosse premente, o desejo de chegar o faz superar suas fraquezas e abrandar seus temores. Felipe D'Jou, filho único do conde Arnaldo D´Jou e da condessa Amélie Sonne D'Jou, fora enviado para combater os ingleses sob a bandeira de Luís XV, em um confronto que durara terríveis sete anos.

Algum tempo antes, após seu regimento amargar triste derrota, fora ferido em batalha e feito prisioneiro durante seis meses.

A guerra ensinara duras lições a Felipe. Acostumado que era ao luxo e à fartura da alta sociedade, encontrara nos campos de batalha a fome, a dor, a humilhação e o mais terrível: o prazer em matar. A cada combatente que vencia, um mórbido prazer enchia-lhe o inebriante frasco da vaidade. Bem treinado que fora nas artes da guerra e nos exercícios militares, que lhe haviam forjado a mente e o corpo, não poupara nem tivera clemência por aqueles que, por má sorte, tinham lhe cruzado o caminho.

De golpes em golpes, porém ferido e dominado, finalmente fora preso e, devido à sua patente, tivera a vida poupada para aguardar o momento oportuno de ser resgatado por altas somas ou trocado por patriotas na mesma situação, em solo inimigo.

A sorte, porém, parecia estar do seu lado, pois após seis meses a guerra findava. Um acordo de paz entre os países envolvidos foi firmado e os presos libertados, para que cada qual, a expensas própria, retornasse ao seu lar.

E, assim, vemos Felipe cavalgando apressado, sem saber bem o porquê de voltar. O tempo vivido nas batalhas tinha alterado seu modo de ser. Antes, vivia por viver, dado às festas e aos ambientes sociais. Não era muito afeito às reuniões familiares nem tinha muitos amigos; poderia dizer-se que passava despercebido em meio à sociedade da época, o que na verdade não lhe importava, e estava sempre sorrindo; um ar despreocupado sempre tingia seu semblante, mostrando que, se o futuro não o empolgava, tampouco o afligia.

Era outro homem que agora surgia. Seu corpo castigado pelas lutas e descuidos que o tempo acentua, embora ainda trazendo a bela contextura de que era formado, tornara-se diferente; algo nele havia mudado. Vivera intensamente e com um insano ardor a tarefa que a nação lhe impusera, e agora se sentia vazio. A visão do sangue derramado em abundância nos campos de batalha fazia-lhe falta. A excitação da lâmina empunhada com firmeza no peito arfante do adversário acelerava-lhe o coração, e um sentimento muito próximo à saudade embalava sua mente sonolenta.

Seguindo em meio às lembranças, em plena madrugada, por um estreito caminho ao qual o vago luar dava ensejo, avistou à frente o que parecia uma grande choupana. À medida que se aproximava, uma rude estalagem tomava forma, e o aroma de um assado fê-lo lembrar que não comia havia muitas horas.

Capítulo 2

Celine

Embora o dia não tardasse a raiar, a animação no recinto se fazia ouvir a distância. Eram copos batendo nas mesas, acompanhando uma cítara que, pelos acordes, denunciava estar seu tocador sob o efeito de uma grande quantidade de vinho.

À medida que se aproximava da estalagem, sobressaía da algazarra uma voz feminina que destoava do inarmônico concerto, com seu timbre firme e melodioso. Entoava um cântico cigano que, pela melodia e por sua letra (que falava de saudade e infelicidade), destoava completamente do ambiente.

Felipe apeou de seu cavalo, dando ordens ao estalajadeiro para que acomodasse e alimentasse seu animal, pois pretendia partir dali a algumas horas.

Uma mesa foi-lhe cedida e, ali, enquanto aguardava o alimento que seria recebido como um banquete, sorveu vários copos de vinho, tentando aplacar a sede do corpo e dos sentidos.

Embora um pouco desgastado por todas as aventuras vividas em poucos e recentes anos, conservava ainda um belo e imponente corpo, que logo se fez notado pelos frequentadores e, principalmente, pela jovem cantora que animava a festa. Celine, era esse seu nome.

Ela fora deixada na estalagem aos doze anos de idade pelo pai, Antônio, que fugia da perseguição de capatazes de seu patrão. Estes o haviam flagrado em atividades furtivas na colônia que o abrigava e, se capturado, pagaria com um longo tempo na prisão. Dada a rudeza das condições, poderia até perder a própria vida.

Antônio, embora afastado do grupo cigano em que fora criado, ainda cultivava as tradições religiosas de seu povo. Sabia-se que consultava os "espíritos" de seus ancestrais e, a troco de algumas moedas, dava palpites e orientações em virtude de ampla "vidência" e em algumas ocasiões mera especulação.

Assim, atraíra para si, por esse motivo, o desagrado dos religiosos da época, que passaram a vigiá-lo de perto, esperando o momento de surpreendê-lo em atividades que o incriminassem, o que não tardou a acontecer.

Acostumado a apossar-se de objetos ou pertences de outras pessoas, foi apanhado furtando cereais de um depósito vizinho à sua morada. Com sorte, conseguiu fugir em desabalada carreira, com tempo ainda para levar consigo seu maior tesouro: a pequena Celine – único motivo que encontrava na vida para seguir avante.

Criara a menina sozinho, desde que a mãe falecera, quando a criança tinha apenas um ano. Com ela ficara todo esse tempo, e agora teriam de se apartar, pois, fugindo juntos, fatalmente seriam capturados. A ideia de se separar da menina era torturante, mas para onde iria com ela? Só, teria mais chances de se esconder e, depois, poderia voltar para buscá-la. Mas onde deixá-la? Com quem?

Lembrou-se de um antigo amigo, dono de uma estalagem não muito longe dali, que poderia nesse momento auxiliá-lo. Não era de fato o melhor lugar, mas era o que tinha então, e para lá se dirigiu.

Como esperado, a guarda da pequena foi aceita, comprometendo-se ela, enquanto lá estivesse, a auxiliar nos afazeres da casa, e Antônio, assim que tudo se acalmasse, voltaria em segurança para buscá-la.

Sete anos tinham se passado... Celine se transformara em uma formosa donzela e, embora vivesse na estalagem frequentada por viajores de todos os tipos, era muito bem protegida e vigiada por Gabriel. Homem rude, mas afeito à amizade, tinha se deixado cativar pela meiguice de Celine desde o primeiro instante em que a vira, quando seu pai a entregara aos seus cuidados.

Capítulo 3

O incidente

As palmas irromperam, e os estridentes fregueses convergiram para suas mesas e seus grupos, entre alegres gargalhadas, maturados pelo vinho e pelos afagos femininos, a essa altura já bem prazerosos.

– O cavalheiro deseja mais uma jarra?

A curiosidade juvenil, mais do que qualquer outro sentimento, emprestava aos olhos de Celine um brilho que a tornava ainda mais fascinante. Apressara-se em servir o estranho cavalheiro.

– Sim, e mais uma taça, se lhe aprouver comigo sentar-se – respondeu ele, em um misto de espanto, pois não vira a moça aproximar-se, e de encanto, pelo forte magnetismo que da bela jovem espargia. Ao mesmo tempo que proferiu o convite, levantou-se galantemente e puxou o assento, oferecendo-o.

– Perdoe-me o cavalheiro, mas não bebo e aqui estou apenas para servi-lo – respondeu-lhe a moça, um tanto ruborizada.

– Se é para servir-me, peço então que sente e conte-me em que região celeste foi criado anjo tão belo como o que avisto agora...

Acostumada aos rudes frequentadores e suas triviais frases lisonjeiras, sentindo no formoso galanteador uma maneira direta e insistente de impor sua vontade, bem como percebendo que a conversa iria além do seu controle, já enrubescida, arrematou:

– Senhor, agradeço-lhe o elogio, mas estou aqui para servir-lhe as jarras que quiser beber e o que seu estômago quiser provar. Se nada lhe apetece no momento, com sua licença...

Celine, virando-se, ia apressar o passo quando, de um salto, Felipe, com a face carregada, subitamente se transformando em outra pessoa, agarrou-a por um braço. Com a voz alterada pela raiva e em muito já pelo efeito do vinho, bradou:

– Minha menina, foi só tratá-la como uma donzela que já tentou passar-se por tal. Mas agora vou tratá-la como uma mulher que trabalha num antro como este e que, apesar de aparentar pouca idade, deve ter conhecido todos os homens da França!

Dito isso, com força, agarrou-a e, fazendo-a sentar-se, beijou-a violentamente.

Celine, acostumada até então a ser cortejada com olhares e triviais galanteios, jamais experimentara, ou mesmo imaginara, tal situação. Passados os primeiros instantes de espanto, em um ímpeto de defesa, mordeu com força o lábio de Felipe, que rugiu qual fera espetada no momento do ataque à frágil presa.

– Maldita! Maldita! Vou dar-lhe uma lição, sua vadia! – e avançou rumo à assustada ninfa, que já fugia.

A animação e o alvoroço do salão cessaram quase instantaneamente. O inesperado da situação deixara quase todos petrificados por alguns instantes. Gabriel, que de longe observava o estranho forasteiro, foi o primeiro a despertar do espanto.

Em um rápido salto, por cima do tosco balcão que os separava e carregando consigo uma garrafa, precipitou-a com fúria na cabeça de Felipe, que, devido à sua atenção concentrada na moça – que, segundo seu deturpado pensamento, o insultara –, recebeu o golpe sem esperá-lo e, portanto, sem nenhuma resistência.

Felipe, devido à frieza e até a certa crueldade, constituíra para si muitos inimigos, os quais haviam tombado nos campos de batalha pela sua afiada lâmina. Ignorantes das verdades espirituais e ainda envoltos nos sentimentos de ódio e vingança que os tinham acompanhado no momento da morte, esses espíritos continuavam ligados a Felipe, desfechando-lhe golpes imaginários e tentando tirar-lhe a vida que, para eles, que viviam tão somente para os gozos sensuais, tudo significava.

Esses inimigos formavam verdadeira turba que, aos gritos, não só lhe diziam impropérios e ameaças, mas também emitiam vibrações que havia muito afetavam a mente de Felipe. Com a ajuda do vinho, a perturbação mental que essa influência lhe causava foi maior, e as sugestões malévolas impulsionaram-no a tomar uma atitude impensada. Sendo o ambiente e seus frequentadores suscetíveis a essa influência, a desordem foi estimulada na mente de todos.

Por Celine ser respeitada por todos e sentindo ser essa uma grande oportunidade de se tornarem bem-vistos pela formosa moça, ainda mais insuflados pela falange de desencarnados irados, os homens aproveitaram-se da fragilidade do intruso, que cambaleava ainda tonto com o golpe sofrido, e contra ele se arremessaram, desferindo-lhe socos, pauladas e pontapés.

Foram muitos os golpes sofridos por Felipe. Quase desfalecido, recebeu inerte a fúria dos dois grupos de agressores: vivos e mortos.

Próxima e quase petrificada de espanto e medo, Celine assistia a tudo e, por alguns momentos, não encontrou forças para pensar ou mesmo agir. Mas, por ser uma das poucas pessoas naquele recinto não afeita a agressões, e também por ser o motivo de tal linchamento, começou a gritar e, com coragem, entrou no meio da confusão, isolando Felipe e acalmando os ânimos.

– Parem, parem! Deixem-no! – gritava Celine em meio à turba.

Gabriel, que ainda mantinha os olhos inchados e vermelhos, mostrando o que se passava em seu interior, aceitou o pedido da jovem e afastou os mais exaltados, mais para acalmar Celine do que por pena daquele sujeito por quem já adquirira um profundo ódio.

– Deixem estar; basta, homens! Ele já tomou a lição que merecia. – E, querendo evitar que outros agissem com a mesma imprevidência, esbravejou: – Qualquer um que se meter com Celine terá a mesma sorte!

Sob gritos e aplausos coléricos de todos, Gabriel colocou o corpo desfalecido e ensanguentado em seu ombro e o levou para fora. Mandou trazer seu cavalo, e Felipe foi colocado deitado sobre a sela. O animal, após alguns tapas em seu dorso, foi posto na estrada em carreira, na escura e fria madrugada.

No recinto, todos continuaram a beber e a brincar, e logo o incidente foi esquecido pelos inebriados clientes. Mas, para Celine, restou uma angustiosa impressão de que aquele acontecimento ainda lhe traria futuras complicações.

Capítulo 4

A recuperação

O sol estava no auge de sua irradiação...

Era por volta de meio-dia. Luís, um camponês com pouco mais de cinquenta anos, que havia muito tempo se afastara do mundo, isolando-se na floresta, fazia sua costumeira caminhada em busca de ervas e frutos, que era no que consistia toda a sua alimentação. Quando muito acrescia algum peixe, fisgado com má vontade, pois tinha verdadeiro pavor de água – e isso era comprovado pelo cheiro que exalava de seu corpo.

Conhecedor da região, ele procurava um riacho para completar seu cantil, pois já colhera o necessário para alguns dias. Tencionava voltar à sua cabana, quando se deparou com um corpo deitado à beira do rio, ladeado por belo cavalo, que pastava tranquilamente como se aguardasse a qualquer momento seu cavaleiro empreender viagem.

Luís, furtivo, escondido nos arbustos, observou que o homem estava bastante machucado, mas seu peito ainda arfava e, enquanto aproximava-se com curiosidade e cautela, questionava-se: "Será um criminoso que foge da justiça? E se for algum nobre e acharem que fui eu que fiz esse estrago? Mas parece roupa de combatente... Será que a guerra acabou ou ele é um desertor?"

Alguns minutos se passaram, e a indecisão tomava a mente de Luís. Foi quando um gemido foi dado por Felipe, que ali caíra quando seu cavalo, após galopar endoidecido por várias horas, impulsionado pelas hordas de espíritos que os perseguiam, ali havia parado para aplacar a sede, acabando por derrubar sua carga inerte.

Agora, no entanto, Felipe já havia despertado, sentindo dores por todo o corpo, embora a lembrança do ocorrido fosse o que mais lhe doesse. Sua condição de soldado imprimira-lhe um orgulho forte, e talvez fosse isso que ainda o conservara vivo, pois não aceitava de nenhuma forma a derrota.

Sentira a presença de alguém e, após um gemido, que naturalmente lhe brotara dos ressequidos lábios, quase sem voz, suspirou:

–Ajude-me! Ajude-me!

– Quem é você? E o que aconteceu? – arriscou perguntar de longe o ressabiado Luís.

Tentando levantar-se e virar-se para o interlocutor, respondeu:

– Sou Felipe D'Jou e fui atacado por... – não conseguiu terminar a frase, caindo desfalecido.

Luís, que até então se encontrava em dúvida com relação a que atitude tomar, pensou: "É um nobre, e, como tal, terei uma recompensa se salvá-lo. Talvez faça de mim um de seus servidores mais íntimos e eu tenha, finalmente, uma vida digna com farta comida e belas senhoras. Vou levá-lo para casa e tratá-lo".

Olhou em derredor e encontrou dois pequenos cepos. Com a faca que trazia consigo, cortou vários pedaços de uma rama que se assemelhava a um cipó e, entrelaçando-a, improvisou uma pequena maca. Amarrou-a na sela do animal aproveitando-se de pequenos pedaços de tiras de couro presos a ela e, com muito cuidado com a preciosa carga, instalou Felipe sobre o aparato. Puxando o animal, conduziu-os à sua morada.

Transcorreram vários dias, nos quais Felipe oscilou entre a vida e a morte, que o martirizaram e transfiguraram ainda mais. Seu corpo, todo alquebrado, trazia marcas que sempre o fariam se lembrar do infeliz incidente, que parecia ser obra do acaso, mas representava apenas as leis sérias e justas que se faziam cumprir. Não era determinismo – um acontecimento do qual o destino, inflexível, tomara as rédeas.

Felipe tivera a oportunidade de discernir e, se tinha sido influenciado por entidades vingativas e malévolas, isso foi permitido pela própria ligação de ódio que ele havia desencadeado, comprovando assim que ele mesmo criava o próprio destino. Se outra houvesse sido sua conduta anterior; se seus pensamentos tivessem buscado, mesmo que em poucas oportunidades, o Criador, outro, com certeza, teria sido o rumo desta história.

Várias marcas pelo corpo e uma grande cicatriz na face – provocada pelo golpe com a garrafa partida, que danificara seu olho esquerdo, tirando-lhe a visão – desfiguravam aquele que, fazia apenas alguns meses, trazia no rosto a mostra de um belo espécime gaulês.

O que mais dificultava o restabelecimento de Felipe era sua revolta. Nos momentos de consciência, lembrava-se de todos os combates dos quais havia participado, de quase todos os oponentes que tinham tombado em brigas e torturas no cativeiro, além de várias outras dificuldades.

Ele havia passado por tudo isso sem que nenhuma marca mais grosseira marcasse seu belo e forte corpo. Mas, ao voltar para sua cidade, para reiniciar sua vida, por causa de uma vadia orgulhosa em uma imunda estalagem, pensava ele, deixara-se afetar por uma turba de bêbados que tinham lhe deformado o rosto, fazendo-o perder uma de suas vistas.

Várias vezes Luís, que cuidava dele com atenciosa dedicação pelos motivos já conhecidos, ouvira-o murmurar, com o sangue ruborizando-lhe as faces:

– Isso não ficará assim; haverei de vingar-me, custe o que custar. Todos pagarão!

Os pesadelos eram constantes, e o que Felipe não compreendia é que suas dores eram em muito ampliadas pelos espíritos das vítimas de sua crueldade nos campos de batalha. Muitos dos que haviam desencarnado sob os golpes rudes de sua espada estavam conscientes ainda em outra dimensão, mas próximos e ligados a ele o suficiente para tentar fazê-lo sentir as dores e os traumas que ele lhes havia infligido.

Outros, que, com os joelhos no chão, as mãos em súplica e ignorando a honra e a valentia próprias dos combatentes, haviam implorado pela vida ao cruel oficial, mas sentiram suas cabeças quase decepadas pela fria lâmina da espada do destro soldado, que não aceitara suas rogativas, agora o perseguiam. Livres das algemas da carne, investiam sem descanso, a todo instante, nas formações perispirituais[1] do enfermo, instilando o venenoso fluido do ódio e da revolta.

Tudo isso prejudicava o restabelecimento de Felipe, mas o seu desejo de vingança era tão forte, que acabou sendo a seiva que o manteria vivo e o curaria para o esperado momento do ajuste de contas.

Um incidente de tal natureza, pensava ele, não poderia passar em branco. Sua honra deveria ser lavada com sangue.

Alimentava um ódio que vibrava em uníssono com todas as suas células, o que o transformava em um denso e enorme corpo magnético ao redor do qual condensavam-se energias inferiores e abjetas.

O que eles não sabiam – nem Felipe nem as entidades que o assediavam – é que a lei da reencarnação, manifestando a justiça divina, fazia seus ajustes. Em vidas pregressas, todos haviam

---

[1] "Assim como nas sementes o germe do fruto é envolvido pelo perisperma, do mesmo modo o espírito, propriamente dito, é revestido de um envoltório que, por comparação, pode-se chamar perispírito" (Allan Kardec, Questão 93, *O Livro dos Espíritos*).

feito parte de outra história, na França também, em uma época em que crimes hediondos eram cometidos e acobertados pelo manto impune da nobreza.

Celine, dama da corte, envolvera-se com Felipe, alto comandante das tropas de Carlos IX. Felipe, utilizando-se da força e da absoluta cegueira a que o suposto amor da bela dama o conduzia, havia assassinado, de modo sinistro, diversos amantes da jovem senhora. Esta, por capricho, quando já não mais os queria, instilava um ciúme febril no jovem militar; Felipe, que supunha estar defendendo a honra da amada, juntamente com seus soldados e comparsas de confiança, realizava seus macabros intentos.

Durante anos, após o desencarne, esses espíritos cambalearam em luta contra adversários imaginários, assimilando golpes, caindo e tornando a se levantar e a caminhar, em intermináveis batalhas.

Pela lei evolutiva, reencarnaram todos os envolvidos para uma existência de expiação, desencarnando em situações semelhantes às que impuseram às suas vítimas, para resgatar seus passados de crimes e delitos.

Já Celine e Felipe, por terem originado situações criminosas no passado, deveriam acertar-se em uma convivência afetuosa e pacífica, preparando terreno para uma nova encarnação em que pudessem todos viver em consonância com as leis divinas, reparando erros e construindo um futuro de paz e harmonia. Mas, ao que tudo indicava...

Capítulo 5

O romance

Cinco meses depois do incidente na estalagem, a vida de Celine começou a tomar um novo rumo.

André era um bem instalado comerciante de uma cidade próxima à estalagem de Gabriel e havia muito a frequentava para, timidamente, cortejar a bela Celine, objeto de todos os seus sonhos futuros.

Seus pais tinham falecido havia poucos anos, deixando-lhe, além de uma boa educação, ótimas reservas financeiras e um próspero comércio (que se estendia desde diversas iguarias até tecidos e utensílios de forma geral).

Completara a idade de vinte e sete anos e, embora fosse oito anos mais velho que Celine, não aparentava ter essa idade. Era alto, magro, com olhos esverdeados e pele clara, que se ruborizava com frequência devido a sua timidez. Tudo isso o tornava uma figura singular, diferente até de sua época, em que os homens, embora de certa forma gentis e eloquentes ao exporem suas ideias, eram também um tanto rudes.

No dia em que o quase linchamento de Felipe ocorreu, André não estava presente, mas, se estivesse, com certeza teria auxiliado Celine a acalmar os contendores, pois não suportava violência, qualquer que fosse o motivo que a houvesse originado.

– O cavalheiro vai querer o de sempre?

Com um belo sorriso que deixava transparecer a alegria em vê-lo novamente, Celine inquiriu-o, aguardando uma resposta.

– Sim, mas hoje gostaria de ter uma conversa consigo, sobre algo que não posso mais protelar.

Um pouco trêmulo e sem conseguir fitá-la, André, sem esperar um consentimento da moça, continuou:

– Celine, perdoe-me se estou sendo imprevidente, abordando-a aqui desta maneira, mas há muitas semanas venho ensaiando uma maneira de falar-lhe, nunca chegando a um desfecho.

A essa altura, Celine, que já previra qual seria o assunto de tal conversa, e notando que Gabriel, atento, observava a demora no atendimento ao rapaz e dava mostras de que se preparava para saber o motivo, interpelou-o:

– Se já está há algumas semanas para falar-me e não o fez, com certeza mais uns dias não lhe farão diferença – e, sorrindo, para não se mostrar tão dura com o rapaz, prosseguiu: – No domingo irei à missa na Capela do Rosário e, se por lá estiver, poderemos conversar por alguns momentos, caso meu pai Gabriel consinta.

Celine tinha muito respeito por Gabriel e o amava como ao pai, de quem nunca mais tivera notícias.

Todos sabiam da união entre ambos e da maneira como ele a protegia. Foi só tocar no nome de Gabriel que André ruborizou-se e, tremendo ainda mais, o que quase o impediu de pronunciar-se, aquiesceu:

– Com muito prazer, senhorita, com muito prazer...!

– E agora, o de sempre? – perguntou com um lindo sorriso, que de leve ironizava o tremor do rapaz, e, vendo-o balançar a cabeça em concordância, mudo de emoção e receio, afastou-se alegremente.

De longe, o olhar de Gabriel a tudo registrava, incomodado, pois era evidente o ciúme que sentia de Celine.

Capítulo 6

Abração

    Celine era uma boa moça, para utilizar um adjetivo apropriado. Trazia em si a alegria de uma juventude livre, em pleno contato com a natureza, e não tinha grandes problemas.
    Perdera a mãe quando ainda era um bebê, é verdade, mas o afastamento do pai não a traumatizara, pois ele lhe afirmara que voltaria, e para ela isso bastava, pois tinha aprendido a confiar nele. Se em alguns momentos uma ponta de saudade tencionava tornar-se presente, Gabriel logo a percebia e a afastava.
    O trabalho era leve, e a jovem gostava muito de cantar e dançar, pois trazia no sangue a tradição da sua origem e, no espírito, a vivência de muitas personagens ligadas às intensas atividades festeiras da corte. Essas festividades haviam sido também alternadas com outras, de caráter religioso, que usavam a dança e o canto como formas de expressão.
    De vez em quando, uma estranha melancolia a acometia. Um sentimento indefinido, um receio do futuro, uma tristeza momentânea invadiam o coração de Celine.

Debalde tentava entender o motivo de tal sentimento e, nesses momentos, o único remédio era um longo e tranquilo passeio pela floresta próxima à estalagem, onde o contato mais direto com a natureza e o saudável frescor matinal forneciam-lhe o refrigério necessário para suavizar a excitação de sua mente.

Acabrunhada de início, logo desanuviava o semblante ao observar as flores e as diversas plantas e árvores que, pelo tamanho, demonstravam ter presenciado muitos séculos de aventuras.

Quando o sol já se fazia sentir mais presente, recostava o corpo em algum canto e deixava o pensamento vagar. E, como toda mulher, em plena florescência de seus mais íntimos e secretos sentimentos, tinha então românticos e belos sonhos.

Nos últimos tempos, esses períodos haviam se intensificado. Começara a notar-se diferente, tanto interna como externamente. Seu corpo vinha se amoldando em uma forma escultural, e os cabelos longos e negros, os olhos esverdeados e a tez morena – em função do sol e de sua ascendência cigana – davam-lhe um conjunto formidável.

Muitos eram os olhares que a ela dirigiam, nem sempre com o respeito e a discrição recomendados, mas quando alguém se excedia encontrava pela frente o forte e rude Gabriel, que inibia qualquer intenção menos digna de seus cortejadores.

Sentia-se envaidecida toda vez que um olhar a cobiçava e, quando dançava, polarizava todas as atenções com um magnetismo que espargia sensualidade. Sempre se contentara em observar os olhos sequiosos de prazer de seus admiradores, mas já havia algum tempo estava se sentindo diferente.

Um frequentador chamava-lhe mais a atenção do que qualquer outro, e sentia-se estranha quando, nos fins de semana, ele demorava a chegar. Nunca sentira isso por ninguém e, de certa forma, gostava daquele sentimento, que percebia aumentar a cada dia.

André começara a frequentar casualmente a hospedaria havia alguns meses, mas, desde a primeira vez que Celine o viu, sentiu que algo se modificara em sua vida. O belo moço, atraente e esguio, trazia no olhar certa maturidade, embora seu rosto ainda conservasse alguns traços juvenis. Era sempre cortês e educado, e de uma coisa ela tinha certeza: ele não tirava os olhos dela.

Todas as semanas, aos sábados, André comparecia à estalagem. Não comia muito, e uma ou duas taças de vinho já eram suficientes para ruborizar sua face e deixá-lo mais à vontade. Em todo o tempo que ficava lá, demorava a degustar o alimento e procurava-a com o olhar o tempo todo.

Quando lá estava, Celine sentia que o salão se modificava, agigantando-se. Cada passo era dado com mais cuidado e mais graça, cada música era cantada com mais alegria e entusiasmo, e, embora procurasse disfarçar, a mesa de André era a mais visitada por ela.

Gabriel, embora com os atributos já citados, era homem vivido e percebera o enamoramento dos jovens. Tendo conhecido os falecidos pais do rapaz e, por conseguinte, a educação que lhe fora dada, tornando-o um homem trabalhador e de bons princípios, a tudo observava, deixando o tempo se encarregar das coisas.

Capítulo 7

A permissão

As horas passavam lentamente e, no silêncio da madrugada, André ensaiava repetidas vezes o que diria na manhã seguinte, no momento em que a sós estivesse com Celine. Um suor frio, aos poucos, deixava sua marca no rosto de André, e um ligeiro tremor agitava seu corpo, quando percebia que o grande momento estava chegando.

Pelas imposições que a vida lhe trouxera, vivia sozinho havia algum tempo, e isso já o incomodava. Afeito à família e às relações de afeto que sempre tivera enquanto seus pais estavam vivos, sentia-se extremamente só.

Tinha poucos amigos, com os quais se relacionava apenas o necessário. Devido à sua posição financeira, bem estável, além de sua aparência, atraía para si constantes olhares e gestos sugestivos de moças de várias idades e famílias, que viam no rapaz um futuro tranquilo e promissor. A todas, André cortesmente respondia com um sorriso ou um aceno descompromissado, e era só. Seus olhares mais profundos eram apenas para Celine, e seus pensamentos eram apenas dela.

Gostava de ler, mas, ultimamente, não conseguia encontrar a concentração necessária para a leitura, pois todos os personagens das novelas e contos que lia confundiam-se com a figura de sua amada. Poucas linhas eram suficientes para ensejar um novo rumo à história e, sob sua direção, incorporar Celine à cena e, junto a ela, ambos se consagrarem em um inseparável e eterno amor.

Mal fora capaz de dormir naquela noite. Será que conseguiria falar tudo o que sentia por ela? Seus planos para o futuro, a família que desejava construir a seu lado, seu amor sincero... E ela, será que retribuiria seus sentimentos? Era a única coisa que, no momento, desejava da vida: o amor de Celine. Só isso lhe interessava, mais nada.

Os primeiros raios de sol se tornaram visíveis, e o céu, desprovido de nuvens, ensejava um dia quente e ao mesmo tempo belo. As grandes e frondosas árvores, existentes em abundância na região, tornavam o clima ameno e refrescante.

André levantou-se e se aprontou com esmero, tentando não ligar para o calor que, para ele, parecia muito forte nesse dia, pois a agitação e a ansiedade se faziam sentir em seu corpo. Vestiu cuidadosamente sua melhor roupa e verificou todos os pequenos detalhes de um modo inquieto, embora com redobrada atenção. E, após um suspiro mais longo, pôs-se a caminho.

Não conseguia fixar-se em nenhum detalhe do percurso. Dirigia-se ao local do encontro como quem se dirige ao tribunal do magistrado para receber uma sentença que o faria viver em profunda tristeza ou em grande alegria. Já avistava, ao longe, a Capela do Rosário.

Faltavam poucos instantes; era só aguardar um pouco mais e, com sorte, pensava, tudo daria certo.

Para Celine, o dia havia amanhecido extremamente belo. O sol estava mais lindo do que jamais tinha visto, e as flores, ah, as flores...

— Que perfume exalam hoje! Como são belas estas flores! Veja, paizinho, que lindas elas estão!

Até o serviço matinal e sua fugaz refeição, neste dia, tinham um toque especial. As frutas e o pão saboreados tiveram para ela o efeito de um requintado banquete. A rústica mesa e suas desalinhadas cadeiras, bem como a humilde estalagem, transformaram-se, em sua enamorada mente, em um lindo e belo salão de um castelo em algum paradisíaco recanto.

— Paizinho – assim chamava a Gabriel, principalmente quando queria algo –, preciso falar com o senhor.

— Deve ser algo muito importante, porque você hoje acordou muito alegre, cantarolou o tempo todo, ficou muito tempo elogiando e apreciando as flores, e, quando me chama de paizinho...

Celine abraçou com sinceridade e respeito aquele que aprendera a amar como a um pai, dizendo-lhe:

— É importante sim; talvez o dia mais importante de minha vida.

— Pois bem, fale então – disse ele, já um pouco ressabiado, pois suspeitava qual seria o assunto. Baixou o olhar para que Celine não percebesse sua contrariedade e permaneceu atento.

— Sabe, paizinho, o senhor tem cuidado muito bem de mim, e o respeito que lhe tenho só se compara ao que tenho pelo meu pai. Nunca me faltou nada enquanto estive aqui e espero neste lugar continuar, enquanto viver. O senhor sabe, também, que muitos homens e moços me cortejam, com respeito, é claro, mas por nenhum tive qualquer tipo de interesse ou algo que merecesse minha atenção. Mas ultimamente algo vem acontecendo com alguém em especial, de uma forma que não consigo evitar ou mesmo controlar.

À medida que Celine ia dando vazão aos seus pensamentos, confidenciando seus mais íntimos sentimentos a Gabriel, este alternava lampejos de alegria e de tristeza nos olhos. Alegria por ver que sua querida tutelada encontrava, ao que tudo indicava, seu primeiro amor, o que a deixava feliz, mas entristecia-se por perceber que, embora ela mostrasse o desejo de por lá permanecer, sabia que logo tomaria outro caminho e seguiria seu destino. Ele perderia o convívio com a tão adorada menina, a quem aprendera a amar.

Gabriel era rude, mas não insensível, e, levantando o rosto, olhou-a com o máximo de doçura que aquela alma acostumada aos duros embates da vida poderia encenar. Brandamente, encorajou-a:

– Continue, minha menina, pode continuar.

– Há meses temos recebido aqui na estalagem, aos sábados, o senhor André. No começo, atendia-o como qualquer cliente que aqui frequenta. Ele nunca havia me dito nada em especial; sempre fazia seu pedido e, enquanto apreciava a comida, eu percebia que ficava me seguindo com o olhar, que eu, de certa forma, também buscava encontrar.

Procurando, discretamente, sondar com o olhar o ânimo de Gabriel, e observando que ele se mostrava impassível, a jovem prosseguiu:

– Ficávamos assim um tempo e, depois de trocarmos alguns sorrisos, ele ia embora. Outro dia, ao tirar os pratos de sua mesa, ele gentilmente ajudou-me e, por acidente, tocou minhas mãos. Ficamos paralisados por alguns instantes, até que rapidamente me recompus e fui para a cozinha. Quando voltei, ele já havia pago sua conta e se retirado, por vergonha, talvez, ou por emoção.

A essa altura da narrativa, Celine nem percebia mais a presença de Gabriel. Era como se tentasse narrar os fatos em seus mínimos detalhes para, talvez, sentir novamente todas as emoções que aqueles momentos lhe haviam causado.

Como retornando de um sonho e observando a figura enérgica de Gabriel, que lhe exigia que fosse direto ao assunto, continuou:

— Na verdade, paizinho, acostumei-me com ele e fico contando os dias, na esperança de vê-lo por algumas horas. Ultimamente não consigo pensar em outra coisa que não seja estar ao seu lado. Olha, paizinho, não se sinta triste, pois eu o amo muito também, só que é diferente, não sei lhe explicar direito.

Gabriel percebeu a dificuldade da moça e, já achando a história longa demais para o seu gosto, interpelou:

— Ora, e até agora ele nada disse?

— Esta semana ele quis falar-me e combinei em conversarmos após a missa de hoje, caso o senhor consinta, é claro.

O silêncio durou alguns minutos. Celine observava Gabriel, que, emudecido, com o olhar distante, divagava em seus pensamentos.

Lembrava de muitos anos atrás, quando ainda era moço e o amor, pela primeira e única vez, havia chegado ao seu coração. Sentia novamente a emoção em torno dos planos firmados para o futuro, das juras e dos votos de amor que haviam alegrado esse período de sua existência. O enlace, a convivência humilde, mas cheia de amor. Os sentimentos felizes foram retornando, calmamente, ao presente, até que, de súbito, sua expressão foi mudando. Ele revivia o triste momento em que sua adorada esposa tivera um terrível acidente e, caindo de um animal em louca disparada, presa pelo pé nas correias da sela, teve morte horrível e instantânea.

O mundo para Gabriel, a partir de então, deixara de ter sentido, nada mais lhe interessando. Vivia a vida, mas sem nenhum objetivo. A estalagem, em meio à isolada paragem, tornara-se seu refúgio, seu isolamento. Esse era Gabriel, essa era a sua sina. Tornara-se rude e agressivo para defender-se dos próprios sentimentos, da própria tristeza. Com Celine, retomara um pouco a alegria pela vida, um objetivo novo, uma nova esperança, que lhe faltavam.

Tudo isso preenchia sua mente quando, repentinamente, de um local distante, ouviu sua tutelada quase suplicando:

— E então, paizinho, não me aflija!

Gabriel, recompondo-se de suas emoções e tomando ciência, novamente, do momento presente, com a voz um pouco alterada pela emoção, disse-lhe:

— Olhe, minha menina, você sabe o bem que lhe quero e a felicidade que espero para você. Conheci os pais desse moço, não muito bem, mas o suficiente para saber que eram pessoas de bom caráter e honestas. O rapaz me parece homem honrado, um pouco fracote ainda, mas trabalhador, e isso é o importante. Além de tudo, tem dinheiro, o que ajuda muito.

Segurando com carinho a mão de Celine, olhando-a nos olhos, disse-lhe francamente:

— Minha menina, confio em você. Já é uma mulher e pode, seguramente, conduzir sua própria vida. Esperava por isso, só não acreditava que aconteceria tão cedo – e, após um ligeiro suspiro, com resignação, continuou: – Siga seu coração, siga seu destino, mas, se esse moço ou qualquer outro tentar desrespeitá-la ou fazê-la infeliz, pode ter certeza: terá de se haver comigo! Vou pedir ao José que vá com você até a Capela e que, após sua conversa com esse moço, traga-a de volta.

Como uma criança que recebe de surpresa um belo presente, Celine, com um largo sorriso, lançou-se aos braços de Gabriel, beijando-o nas faces sucessivamente.

— Chega! Chega! Vá se arrumar, senão perde a missa e o pretendente. Ande logo! Vá! Vá!

Gabriel já fora amansado pela meiguice da bela Celine.

Capítulo 8

A missa

A capela do Rosário ficava em um povoado próximo à cidade na qual André morava e quase à mesma distância, no sentido inverso, da estalagem de Gabriel.

Construída na época medieval, tinha forma simples e era de pequena dimensão, embora seus domínios se estendessem por ampla área ao seu redor, onde um belo jardim, rodeado de enormes e seculares árvores, tornava a pequena capela um belo local para, após as celebrações, pequenos passeios.

Os aldeões tinham feito desse local um ponto de encontro. Pequenos bancos margeavam estreitas veredas, onde o sol surgia fragmentado, coberto parcialmente pelos galhos que, em abundância, se elevavam sobre o caminho.

Bem no centro desse agradável lugar, a capela se erigia imponente, simples mas altiva. E, no caminho que conduzia à sua porta principal, nessa manhã, dezenas de pares e pequenas famílias iam chegando para, respeitosamente, adentrar o templo.

Seu interior era composto de bancos de madeira de lei, caprichosamente trabalhados. Colunas que sustentavam a cobertura eram ornamentadas com belas pinturas religiosas, que retratavam o ardor de algum anônimo artista do passado.

André chegou só, como era seu costume nas poucas vezes que havia comparecido às missas, desde a morte de seus pais. Sentou-se no fundo do salão e, com um olhar apreensivo de quem já havia revistado todos os lugares em busca de sua pretendida, focalizava agora a entrada, aguardando ansioso a confirmação do compromisso assumido por Celine.

Uma pequena carroça, utilizada para transporte de todos os gêneros, estacionou no espaço reservado, na lateral do templo, acomodando José – cocheiro e velho empregado da estalagem, que raramente estava sóbrio – e Celine, que, arrumada com esmero, irradiava uma felicidade mal dissimulada.

Poucas vezes Celine fora até a capela. Algumas, acompanhada de Gabriel e, outras, pelo trôpego José, que costumava se comportar melhor nessas ocasiões, mais por receio do severo tutor do que pelo respeito que deveria ter pela jovem. A moça entrou graciosamente no recinto e, ao cumprimentar os conhecidos, como era de costume, com ligeiros e discretos acenos de cabeça, deparou-se com o moço, que mal conseguia conter a emoção.

Após um largo sorriso, que não conseguiu nem tentou conter, dirigiu-se às primeiras filas, logo se sentando, pois o ritual já estava em seu início.

A missa era realizada por um velho padre, já cansado das duras batalhas que a vida lhe impusera. Este imprimia ao seu sermão um cunho pessoal do que o futuro, no pós-vida, poderia apresentar.

Falava das penas eternas impostas àqueles que não cumpriam com fidelidade os mandamentos divinos e, entre eles, os da Igreja que representava. Tentava mostrar, com suas palavras, o desespero e o sofrimento infindáveis daqueles que não eram agraciados com o perdão da santa mãe Igreja.

Embora o fiel sacerdote se esforçasse para incutir suas criações na mente dos ouvintes, muitos ali estavam por mera imposição social, alguns como pretexto para trocarem olhares e ensaiarem pequenos diálogos, ensejando futuras uniões.

Só uns poucos procuravam ouvir com atenção o dramático discurso, parecendo já sentir o calor do inferno abrasando-lhes o corpo.

Tanto André quanto Celine, se lhes fosse pedido, não conseguiriam repetir uma só frase que o sacerdote proferira. Seus pensamentos convergiam para um só momento: o fim da missa, que se aproximava.

Celine sentia o coração bater um pouco mais forte e dava discretas espiadas, pausadamente, procurando o olhar daquele que seu coração premiara.

Já André, suando muito, à medida que o ritual ia chegando ao seu término, remexia-se nervoso no assento e buscava uma posição mais cômoda, sem perceber que era observado com olhar de censura por alguns crentes, incomodados pela sua agitação e visível falta de atenção ao culto religioso.

A única vez que seu olhar cruzou com o de Celine foi suficiente para certificar-se de que aquela era a primeira e grande paixão de sua vida, tamanha a alegria que invadira seu peito naquele instante.

O badalar de um velho sino fez André despertar da febril agitação mental na qual se engolfara e voltar para a realidade. Todos já se levantavam e saíam.

Pequenas portas laterais foram abertas e, rapidamente, o povo se escoou, sendo André um dos últimos a deixar a capela.

Capítulo 9

O encontro

A manhã estava realmente bela, e as flores pareciam estar no auge de seu frescor, irradiando beleza e suaves fragrâncias. Pequenas aves, aprumadas sobre os arvoredos, trocavam de lugar em um rítmico movimento, como se bailassem no espaço.

Casais de diferentes idades passeavam tranquilamente pelos sinuosos e floridos caminhos, por onde algumas crianças passavam em desabalada carreira, com os braços abertos, querendo voar como os pássaros que tentavam imitar. Alguns deixavam-se ficar pelos diversos bancos, espalhados próximo à capela, e, em um destes, estava Celine, que, com indisfarçável alegria, observava a aproximação de André.

– Posso sentar ao seu lado? – A frase soou de uma vez só. André quase não acreditou que tivesse conseguido proferi-la.

– É claro que sim! Afinal é para isso que aqui estou. Não foi o combinado?

A maneira direta de Celine expressar-se, embora de um modo gracioso e amável, deixou André mudo. Era por demais tímido.

Celine, percebendo que exagerara, e observando o desfalecimento de seu pretendente, resolveu, com sensibilidade, reiniciar o diálogo:

– Que belo dia está fazendo hoje, não acha?

André moveu a cabeça em concordância, procurando ao mesmo tempo tomar fôlego. Mais desembaraçada que o rapaz, e já se impacientando com sua indecisão, Celine sentiu que deveria ir direto ao assunto, o que fez sem rodeios:

– André, há algum tempo eu o observo quando vai à estalagem e confesso que aprecio seu jeito de se portar e conversar. Não sei o que tem a me dizer – isso falava, tentando dissimular a certeza do que ouviria dele –, mas tenho pouco tempo para ficar e, se não conversarmos agora, não sei se teremos outra oportunidade.

Acertara em cheio. O medo de perder a oportunidade foi maior do que o que sentia em falar-lhe, e, após mais uma inspiração profunda, começou a expressar-se, meio reticente a princípio, mas ganhando confiança e desenvoltura à medida que as frases iam traduzindo a essência de seus sentimentos.

– Perdão Celine. Às vezes, minha timidez faz com que eu deixe de aproveitar bons momentos. Esta é a ocasião que considero a mais importante em minha vida e não posso permitir que a insegurança de mim se apodere.

Com um brilho nos olhos que cativava toda a atenção do rapaz, Celine ouvia-o, registrando cada frase, cada gesto, cada respiração, para poder reproduzi-los mentalmente em todos os momentos que posteriormente quisesse. André, sentindo-se mais confiante, prosseguiu:

– Com a morte de meus pais, senti um grande vazio em minha vida. Meu pai procurou preparar-me para a vida e deixou-me tudo o que tenho hoje, o que não é muito, mas é o suficiente para viver tranquilamente até o fim dos meus dias.

Pausando por alguns segundos, prosseguiu André:

– Acontece, Celine, que o que seria motivo de felicidade para muitos não o é para mim, pois eu sentia falta de algo; e esse vazio começou a preencher-se a partir do instante em que a vi pela primeira vez. Não sei explicar como nem por que, mas tive certeza de que havia encontrado o que me faltava para ser feliz.

A essa altura, Celine sentia-se flutuar. Nada mais via, nem o sol, nem as flores, nem as plantas à sua volta. O mundo inteiro parecia resumir-se a um só ponto: André. E este, inspirado pelo magnetismo que só a vibração de dois corações apaixonados pode produzir, continuou:

– O motivo de tanto nervosismo de minha parte é o medo, Celine, medo de perdê-la, medo de que não me aceite ou de que não sinta por mim o que sinto por você – e, tomando as mãos da inebriada jovem, concluiu com seriedade: – Quero, caso concorde, pedir ao senhor Gabriel o consentimento para esposá-la e fazer de você minha companheira por toda a vida.

Agora era Celine quem havia perdido a voz. Toda a segurança e o sorriso arteiro em ver o jovem encabulado haviam sumido. Não tinha o que dizer; procurava pronunciar uma de suas brilhantes respostas, mas nada saía de seus lábios. Sentia uma grande felicidade naquele momento e, instintivamente, entrelaçou suas mãos às dele e, quase murmurando, conseguiu pronunciar:

– Sim... Fale com Gabriel!

Mundos se formam, implodindo átomos nas intermináveis barreiras do infinito, e relâmpagos chispam por todo o astral, levando energia condensada de amor, quando almas se unem nesse sentimento, que envolvia o jovem casal, duas almas, em um só coração.

André não cabia em si; seu coração se tornara pequeno demais para conter tanta felicidade. Ela o amava, não havia mais nada a temer. Em um gesto lento e inflexível, trouxe Celine para mais perto de si e, enlaçando-a com um abraço, selaram o compromisso com um ardente e apaixonado beijo.

Dava-se início ao compromisso assumido em uma dimensão diferente daquela em que estavam. Por intermédio do amor, solucionariam antigos deslizes e consolidariam os princípios para uma vida em consonância com a harmonia divina.

Após um período silencioso, no qual só os corações apaixonados conversam e se entendem, despediram-se, combinando para o dia próximo o entendimento com Gabriel.

José conduzia o pequeno coche, alheio à alegria e ao entusiasmo da bela jovem, que não via a hora de participar o ocorrido a Gabriel, certa do apoio do seu querido tutor.

André também retornava ao seu lar, pelo mesmo caminho que viera, mas só agora notava os pássaros, as plantas, as flores...

Capítulo 10

O casamento

Com o entusiasmo e a determinação característicos, Celine expôs a Gabriel o que ele já esperava.

– Muito bem, aguardemos esse moço. Desejo que ele a faça feliz!

No dia seguinte, pela manhã, André foi recebido e, após expor a Gabriel seus sentimentos e projetos, agora com firmeza e sem insegurança, recebeu dele, pela autoridade e pelo respeito que lhe cabiam como tutor, o consentimento ao noivado.

O namoro conduziu-se dentro dos costumes e moldes da época, e a paixão entre ambos tornava-se a cada dia mais intensa.

As visitas de André ficaram mais frequentes, e os planos para o futuro eram revisados a todo instante, com os detalhes que os corações apaixonados fazem florir, embelezando a vida.

Em uma dessas visitas, após o passeio habitual com Celine por um belo arvoredo em torno da estalagem, onde o tempo passava alegremente, André pediu licença a Celine para conversar em particular com Gabriel, no que foi atendido sem problemas.

— Senhor Gabriel, pode parecer-lhe que o tempo é pouco para tão importante decisão, mas desejo casar-me em poucas semanas. Devo assegurar-lhe que esta decisão não está assentada na impulsividade, mas, sim, em um sólido e profundo amor, que, sei, será para sempre. Logo após nossa união, quero montar moradia em Paris, onde desejo expandir meus negócios e dar a Celine a oportunidade de viver em maior contato com a cultura que a capital propicia.

Enquanto o olhar de Gabriel demonstrava uma firmeza que aos poucos ia se desmoronando, prosseguia André:

— Sei o quanto tem sido importante na vida de Celine bem como o que ela representa para o senhor e, por isso, para que esta família continue um conjunto harmonioso, quero convidá-lo a morar conosco, pois, como deve saber, a morte de meus pais ainda se faz sentir e asseguro-lhe que, assim como para Celine, será meu pai de coração e nada lhe faltará.

Pela primeira vez em muitos anos, o rude Gabriel permitiu que algumas lágrimas rolassem por sua face. Isolara seus sentimentos de quem quer que fosse, criara uma muralha em torno de si, intransponível. Pelo menos era o que pensava, mas bastou um gesto sincero de carinho para que ela se desmoronasse e colocasse à mostra seus sentimentos.

Ainda emocionado com o convite carinhoso, após refletir por alguns instantes, respondeu-lhe:

— Meu jovem, agradeço-lhe, comovido, o gentil convite; não estou muito habituado a esse tipo de sentimento. A vida sempre foi um pouco ríspida comigo e acabei acostumando-me a ela.

Procurando assumir a mesma postura rígida que sempre mantinha, como se vestisse uma armadura, falou em tom seco, mas suave:

— Agradeço seu convite, mas não o aceito. Aqui, neste lugar, tenho vivido há muito tempo. Profundos e íntimos motivos me ligam a ele, e tenho a impressão de que aqui mesmo hei de morrer. Vocês são jovens; sonham e devem ser felizes. – Procurando demonstrar firmeza, acrescentou, alterando a voz: — Não devem se preocupar comigo, pois estou bem aqui. Sei que estarão bem e, para mim, isso é o bastante.

O jovem André, sincero em suas intenções, ainda tentou dissuadi-lo, argumentando:

— Mas, senhor, Celine lhe quer muito bem e sua presença junto dela, em Paris, a tornará mais feliz e...

— Já disse que não vou! Agradeço, mas vocês têm de viver suas próprias vidas, é assim que tem de ser e, afinal, estou muito bem aqui. Quando quiserem, venham me visitar.

Não era o que sentia, mas sabia que era o melhor. Os dois precisavam viver seus destinos, seguir seus caminhos, e acreditava que seria um estorvo para eles.

— Se é assim que deseja, eu respeito. Mas saiba que a qualquer momento poderá mudar de ideia.

— Eu sei. Já disse que agradeço. Agora vamos falar sobre os preparativos.

— Chamemos então Celine para combinarmos juntos – sugeriu o rapaz. "Talvez em outra oportunidade ele concorde", pensou André, e não conversou mais a respeito. – Vou procurá-la.

E o jovem afastou-se...

Os detalhes foram firmados e, após quatro semanas, numa cerimônia simples, sob as badaladas dos sinos da Capela do Rosário, André e Celine uniram-se em matrimônio.

A manhã inspirava nos noivos sentimentos promissores em relação ao futuro, e todos os detalhes da cerimônia, bem como as palavras do religioso, que, nesse dia, pareciam mais otimistas com relação à vida, os encantaram.

Após os cumprimentos de alguns convidados, que sentiam contagiar-se pela alegria dos noivos, todos foram deixando o recinto e rumando para seus lares.

André e Celine prepararam-se, então, para partir rumo aos seus sonhos: a Paris, e ao que o destino lhes reservasse.

Para que o choro de Celine e a tristeza da despedida não estragassem a alegria que a nova situação deveria inspirar, Gabriel procurou ser o mais frio possível, não deixando transparecer a tristeza que sentia.

Estava acostumado a rudes e angustiantes momentos em sua vida, mas este trazia uma profunda tristeza ao seu coração.

Procurou ser amável, mas sem demonstrar sua fraqueza, e, após desejar aos esposos os votos costumeiros, viu-os partir com uma impressão estranha, que lhe dizia ser aquela, talvez, a última vez que estariam juntos naquela vida.

Capítulo 11

A trama

— Esgrima muito bem, senhor! — Luís observava os exercícios que Felipe praticava todas as manhãs, os quais vinha intensificando gradualmente, após sua recuperação.

— Sinto-me quase em forma, mas já bom o suficiente para seguir meu caminho.

— Desculpe-me tocar novamente neste assunto, pois, como vê, nada possuo e uma generosa retribuição de sua parte em muito ajudaria. Embora confie no seu reconhecimento, agora que está restabelecido, sei que não precisarei lembrá-lo de...

— Pode deixar as explicações de lado, Luís. Já lhe falei que vou recompensá-lo por sua ajuda, mas acho que é hora de conversarmos sobre outro assunto, algo que com certeza vai lhe interessar.

— Pois não, senhor.

O casebre de Luís tinha servido como casa de refúgio e recuperação para Felipe. Durante os meses em que ali estivera, recebera todos os cuidados que o modesto lugar poderia lhe oferecer.

Luís cuidava com zelo e atenção de Felipe, sabendo – homem vivido e ávido por dinheiro que era – que, caso seu promissor achado se recuperasse, teria com certeza uma boa recompensa, que, aliás, já havia sido prometida.

Pouco se falavam, e, quando isso acontecia, o assunto era relacionado com o alimento ou qualquer outro detalhe referente à manutenção da vida de ambos. Fora isso, mais nada. Felipe, cada vez mais, fechava-se em seu mundo, um atormentado e odioso mundo.

Sentando-se em uma pedra, colocada próximo à casa para esse fim, dirigiu-se a Luís, falando com gravidade:

– Acomode-se. Vou contar-lhe o que me aconteceu após o retorno da guerra e por que me encontrou naquele estado...

Luís, uma vez, havia perguntado sobre esse assunto. Na ocasião, vira Felipe estremecer e irritar-se visivelmente, mas não emitiu resposta alguma. Achou melhor, então, não tocar mais no assunto, e assim procedeu. Afinal, fosse lá o que tivesse acontecido, não era de sua conta; o que realmente importava era sua recompensa, e tudo iria fazer para recebê-la.

Agora, porém, era diferente. Nada havia perguntado; era Felipe que se dispusera a falar. Sua curiosidade aguçou-se ainda mais pelo olhar sério e compenetrado do interlocutor, que o fazia todo atenção. A ira transparecia nos olhos do jovem combatente a cada palavra pronunciada, a cada cena revivida, tendo sido potencializada pelo ódio que cultivara naquele período.

– ... Lá estava ela, no meio da confusão. Consegui reconhecer a voz dela no meio da gritaria. Não entendi o que dizia, mas, no mínimo, deveria estar insuflando ainda mais o ânimo daqueles desgraçados...

Um olho semicerrado, que nada via, e o outro em chocante vermelhidão, qual madeira ardente em plena combustão, serviam ali como um vitral, dando mostras do inferno que se represava naquele interior. E, fechando o destro punho em direção ao céu, sentenciou:

– Jamais aceitei uma afronta, por mínima que fosse, e não voltarei para minha casa sem vingar-me desses vermes!

Luís, que até aquela altura da narrativa ouvia com atenção o drama vivido por Felipe, escolhia agora algo para falar que agradasse a ele, quando este, olhando-o mais fixamente, interrompeu seus pensamentos com uma pergunta que o fez estremecer:

– Poderei contar com você, Luís?

O corpo todo de Luís sentiu o impacto, trazendo ao exterior um frio suor, enquanto um visível tremor percorria todas as suas juntas, demonstrando que a coragem ou a valentia não encontrava respaldo em seu caráter. Não era contrário à vingança de Felipe; na realidade, pouco se importava. O que não esperava era esse convite, pois achava que sua recompensa estava próxima e garantida. Mas e agora? Se não colaborasse, será que receberia algo? E, se Felipe morresse nesse intento, quem pagaria por seus serviços?

– E então, homem? Será bem recompensado e, se quiser, poderá seguir comigo. Será meu homem de confiança quando eu assumir meus encargos junto à minha família.

A cobiça exerce uma força surpreendente em Luís, tão grande, que de pronto o fez superar a inequívoca covardia da qual era detentor e, com os olhos brilhantes, que vislumbravam as moedas a que teria direito, não se preocupou com mais nada. Levantou-se e, estufando o tórax, como a imitar um heroico soldado, bradou:

– Pode contar comigo, senhor; esses cretinos pagarão!

Ali, sob o testemunho invisível dos espíritos ligados à trama da vida de ambos, o sinistro pacto foi firmado, e o tenebroso plano, traçado. O intento foi marcado para dali a alguns dias. Felipe continuou a exercitar-se, dessa vez como se combatesse inúmeros inimigos invisíveis, tal era sua fúria.

Capítulo 12

A vingança

Os dois viajantes sentaram-se à mesa e, com rústicos chapéus, que lhes encobriam parcialmente o rosto, observavam, com acentuado interesse, o local e as pessoas em volta.

O cérebro de um deles fervilhava, recordando a noite em que ali estivera para refazer-se de uma longa e extenuante cavalgada. Seriam só algumas horas: se alimentaria, tomaria algumas taças de vinho, desfrutaria de alguma companhia feminina, adquiriria alguns poucos mantimentos para a viagem e pronto... seguiria seu caminho. Teria sido assim, se não fosse aquela presunçosa...

Mas e se esquecesse tudo e fosse embora? Se continuasse sua vida, deixando para trás esse incidente? Não! Não! Sua honra teria que ser lavada com sangue. Fora maltratado como um porco raivoso e colocado à própria sorte, desfalecido, no meio da madrugada, floresta adentro. Não! Iria até o fim.

– O que vão querer?

Era José, o empregado que, meio trôpego, fazia o atendimento.

– Uma jarra de vinho e algo quente para comer – pediu Felipe.

O salão era o mesmo, mas algo estava faltando. Faltava alegria, faltava música. Sim, era isso. Onde estaria aquela cigana, que seduzia a todos com o corpo e o olhar, sentindo-se inatingível? Ah, ela que aguardasse!

Atrás do balcão, um homem alto e forte, de rude expressão, olhava pela janela, como se longe buscasse avistar algo que lhe faltava naquele momento. Sim, havia sido ele que o atingira com a garrafa, pensava Felipe. Lembrava-se de que ele havia pulado o balcão e se aproximado rapidamente, desferindo-lhe o primeiro golpe, sem lhe dar ensejo a qualquer reação.

Tivera apenas tempo de ligeiramente virar-se, o que lhe acarretara ver seu agressor, mas também perder a visão, pois se colocara dessa forma na posição para receber o golpe no rosto.

– Aqui está o vinho; o assado vai demorar um pouco.

– Escute, amigo: soube por um vizinho, que já esteve por estas paragens, que havia uma melodiosa e bela cantora que aqui se apresentava. Onde está ela?

Enquanto falava, Felipe enchia uma taça de vinho, oferecendo-a a José. Este espiou com cautela Gabriel, que, absorto em seus pensamentos, continuava olhando pela janela. José sorveu-a de uma só vez. Limpando os lábios com as costas das mãos, procurou, inocentemente, eliminar os vestígios da bebida e, já simpatizando com o estranho, contou-lhe sem rodeios:

– O cavalheiro deve estar se referindo a Celine, a ciganinha. Casou-se ontem e foi embora para Paris.

– Por um dia... – balbuciou Luís, que até então permanecera calado.

– O que disse? – perguntou José.

– Nada, nada – respondeu Felipe, e, procurando desviar a conversa e esconder a decepção, prosseguiu: – E quem é aquele homem? – indagou, referindo-se a Gabriel.

José, que não morria de amores pelo patrão e ali estava apenas por não ter para onde ir, respondeu-lhe com indiferença:

— Aquele é Gabriel, o pai dela, ou melhor, o que pensa que é pai dela. Ele tomou conta de Celine desde que ela veio para cá, quando ainda era criança, abandonada pelo pai, que fugia não sei de quem, porque nunca me contaram. Agora que ela se foi, ele está lá daquele jeito. Acho que é porque vai ser difícil arranjar outra ajudante para colocar no lugar. Deve ser por isso.

— Ô homem, serve aqui!

Era Gabriel que gritava e apontava outra mesa, olhando grosseiramente para José, que o atendeu de imediato.

Havia poucas pessoas no salão, mas o plano de Felipe ruíra, pois queria a moça presente para que sua vingança fosse completa.

Observava os outros frequentadores buscando alguma lembrança que pudesse incriminar algum deles, mas não reconhecia ninguém; tudo havia sido muito rápido, e tinha perdido os sentidos logo após os primeiros golpes.

Na verdade, poderia ser quem fosse daquele grupo, não se importava — sua ira era contra aquela moça; ela sim era a causadora de tudo e, além dela, aquele sujeito que se dizia seu pai. Ele iniciara o tumulto e marcara sua face. Ela não estava, mas poderia esperar, que a encontraria. O outro, porém, estava lá, e o acerto de contas não passaria daquela noite.

As horas avançavam e já era noite alta. No salão, só restavam agora um cliente bêbado, que dormia debruçado sobre uma mesa; José, que, com o cotovelo amparado no balcão, apoiava a cabeça, fingindo estar desperto; os dois sinistros fregueses, que tinham esperado com fria paciência os demais partirem; e Gabriel, que, já sentindo o corpo pesar e notando que a dupla não pedia mais nada, aproximou-se dos visitantes.

— Se querem um quarto para dormir, posso arrumar para vocês, mas, se estiverem somente de passagem, já é hora de irem, pois vamos fechar.

Felipe, enquanto estivera ali, não deixara um instante sequer de se lembrar do ocorrido, como se quisesse alimentar sua fornalha de ódio, mantendo em alta temperatura todo o seu corpo. Sentiu o sangue agitar-se em seu cérebro quando ouviu a voz de Gabriel dirigir-se a ele.

Em um gesto lento, levantou-se, procurando disfarçar todo o rancor que carregava em sua mente e, postando-se bem à frente de Gabriel, tirou o chapéu, jogou-o sobre a mesa e falou alto, com voz colérica:

– O senhor se lembra de mim?

– Não – respondeu Gabriel secamente, enquanto olhava à sua volta, percebendo que algo estava para acontecer.

– Com certeza não deve lembrar, pois mal dava para reconhecer meu rosto coberto pelo sangue quando me atingiu com uma garrafa.

Gabriel olhou friamente para o desconhecido. Sim, agora se recordava do ocorrido. Não se lembrava da sua fisionomia, mas a cicatriz no rosto poderia ter sido por causa de seu golpe e, se ele havia voltado, só poderia ser para a desforra. Enquanto olhava mais uma vez ao redor, para tomar ciência da situação, ouviu o estranho concluir:

– Tudo por causa daquela cigana vadia!

Isso foi demais para ele. A cena foi revivida em sua mente, e o ódio foi tão grande ao ouvi-lo referir-se novamente dessa maneira a Celine, que, com um urro ferino, avançou sobre o forasteiro, os olhos incendiados de raiva.

Felipe, desta vez, não estava distraído. Acostumado à arte da guerra, conhecia todas as nuances de um combate corpo a corpo.

Pressentindo que a surpresa e a ira de Gabriel o fariam atirar-se sobre si sem nenhuma cautela, aguardou calculadamente o momento certo de esquivar seu corpo e, com um gesto ágil e rápido, sacou o punhal que trazia na cintura e cravou-o com firmeza no peito do oponente, na altura do coração.

O golpe foi dado com presteza e firmeza, mas Gabriel era forte, e o fervor que a raiva lhe imprimia fê-lo levantar-se e jogar-se novamente sobre o adversário, que, preparado, já o aguardava para desferir-lhe novos golpes, o que fez com prazer.

Luís, que até então observava estático a rápida luta que se desenrolava, notou que José, despertando de seu cochilo, aproximava-se a passos indecisos, sem saber o que estava acontecendo.

Mais para mostrar fidelidade ao seu novo patrão do que por qualquer outro motivo, Luís aproximou-se rapidamente pelas costas de José e esfaqueou-o várias vezes, sem encontrar nenhuma resistência, devido à embriaguez do infeliz ajudante.

O freguês próximo continuava dormindo, debruçado sobre a mesa, sem nada perceber ou ouvir.

Dois corpos ensanguentados jaziam no chão da estalagem, e dois homens de pé, parados, entreolhavam-se. De um lado, Luís sorrindo, posando perto de sua vítima como se tivesse saído vitorioso de um combate feroz e em condições de igualdade com seu oponente, o que de fato não acontecera, e, de outro lado, Felipe, lívido, os olhos injetados pela cólera, observando sua presa e procurando entender o que sentia.

Durante todos aqueles meses havia aguardado a oportunidade de se vingar. Agora ali, morto, estava seu principal agressor. Aquele que incitara a todos e o atingira no rosto, tirando-lhe a visão de um olho, jazia morto. Estava vingado, e deveria estar aliviado, mas não era o que sentia. Nem um pouco de alívio, nem uma trégua sequer para o torvelinho em que se encontrava sua mente.

"Ainda falta ela", pensava, "deve ser por isso. Minha vingança só terminará quando eu encontrá-la. Aí sim, terei paz..."

– Vamos embora, senhor?

Felipe, despertando de seus mórbidos pensamentos, recompôs-se:

– Pegue o óleo que encontrar e espalhe-o; vamos atear fogo em tudo!

– E esse aí? – perguntou Luís, referindo-se ao sonolento cliente.

– Deixe-o; quando esquentar, vai acordar e sair correndo. Vai dizer a todos que esses dois morreram por causa do incêndio, e isso vai encerrar o caso. Agora ande logo, vá procurar o óleo!

Em poucos minutos, o fogo foi ateado. Rapidamente as chamas propagaram-se, e a velha estalagem e a pequena cocheira a ela ligada ardiam por inteiro.

Como Felipe previra, o homem que se encontrava dormindo, completamente bêbado, recuperou-se de modo espantoso devido ao pânico e ao calor terrível que fazia, e lançou-se para fora um pouco chamuscado, pondo-se a correr e a gritar em busca de ajuda.

Pelos passos trôpegos e pela distância do povoado mais próximo, a ajuda só chegaria pela manhã, dali a algumas horas, e então não haveria nenhum vestígio do crime consumado.

Felipe ainda ficou por algum tempo em silêncio, observando as chamas, ao lado de seu novo asseclar, que não ousava fazer nenhum ruído.

–Vamos voltar para sua casa, Luís, e amanhã cedo partiremos para a minha. Depois encontraremos essa cigana!

– Celine, senhor, foi o que aquele infeliz falou. Celine é o nome dela...

Capítulo 13

Tristeza

Na manhã seguinte ao nefasto acontecimento, colocaram-se, Felipe e Luís, a caminho.

Felipe à frente, com seu fogoso animal, conservava ainda o porte de um guerreiro. O físico bem delineado, o jeito firme de conduzir a montaria não faziam conhecer, a quem o observasse, os sentimentos transtornados que se passavam em seu interior.

Embora, externamente, apenas uma cicatriz denotasse uma desdita, não era aquele homem nem sombra do jovem que um dia, liderando um pequeno destacamento, rumara na direção contrária daquela em que ia agora.

Não tinha muitos sonhos quando se aventurava às batalhas, mas era vaidoso e sentia-se orgulhoso em servir seu país. Esperava ganhar a guerra e voltar em triunfo, o que não acontecera. Nada tinha saído como gostaria. A derrota sofrida; sua prisão; o episódio na estalagem, o qual modificara o rumo de sua vida, e, agora, lá estava ele, seguindo para casa, acompanhado por um ignorante comparsa, sem vitória, sem glória, sem rumo.

Além de estar cego de um olho, que vinha protegido por um pedaço de couro estirado por uma fita do mesmo material amarrada sobre a testa, haviam restado algumas marcas no corpo, escondidas sob as roupas, além de ódio, muito ódio, em seu coração, que corroía aos poucos as virtudes que lá havia.

Em sua memória espiritual, trazia ainda uma lembrança velada daquela que o havia traído em existência anterior, e isso lhe infundia profunda angústia. A vida nunca esquece; o incidente da estalagem não teria tanta importância não fossem essas lembranças de existências passadas.

Esse momento fora programado pelos espíritos encarregados dos ajustes reencarnatórios para que, ao aproximar-se de Celine e de Gabriel, Felipe fizesse amizade com eles e tivesse entendimento para saldar os compromissos e os erros do passado. Mas não conseguiu fazê-lo. Seus sentimentos inferiores tiveram maior força, tendo prevalecido; e a influência dos seres desencarnados, vingativos, que o acompanhavam se fez sentir, afundando-o ainda mais no lodaçal do erro e da dor.

Ah... Quando o homem aprender a perdoar, a esquecer, libertar-se-á de uma enorme carga que carrega consigo, que torna seu caminho mais cansativo e demorado. O perdão é tão simples, tão fácil de ser manifesto e, quando se tem boa vontade, tão divino...

Luís vinha logo atrás, em sua carroça, que muito rangia pela falta de uso e de manutenção. Trazia na bagagem alguns pertences surrados, dos quais não queria separar-se. Eram algumas peças rotas de vestuário e, na maioria, utensílios que usava para cozinhar e cuidar de uma pequena horta, que o auxiliava em sua alimentação.

Seguiam pelo silencioso caminho, parando pouco tempo em alguns vilarejos que encontravam pelo percurso, retomando viagem depois.

No fim de três dias, avistaram uma enorme propriedade em uma área elevada de um campo, cuja plantação evidenciava necessidade de cuidados. A cansativa viagem chegara ao seu término. Finalmente Felipe estava de volta; era sua casa.

Como seria recebido? Como estariam seus pais? Durante todos aqueles anos, lembrara-se algumas vezes de seus familiares, principalmente enquanto estava preso e tentava negociar sua liberdade.

Ao parar diante da imponente construção, que abrigava sua família havia dois séculos, observou que ela continuava tal como em suas lembranças.

Relacionara-se muito pouco com seu pai, tendo com ele somente o convívio social que achava necessário; com sua mãe, algumas vezes, travava longos diálogos sobre assuntos fúteis e diversos, nunca confidenciando-lhe seus sentimentos ou problemas íntimos.

Nesse momento de recordações, seus olhos se umedeceram. Lembrou-se de sua avó materna, Ana, e das intermináveis conversas que com ela tinha, revelando seus segredos e sonhos, dúvidas e anseios, ouvindo sempre uma resposta sensata e carinhosa, que procurava acatar, sentindo o amor com que era emitida. Sentira muito a sua falta e, após alguns meses de sua morte, tomara a decisão de servir na guerra.

Agora voltava... Como seria a vida junto aos seus depois de tudo o que havia acontecido? Nos últimos meses, só havia espaço, em sua mente, para a vingança e o ódio. E agora, como seria?

Um criado aproximou-se, impedindo a passagem.

– O que deseja, senhor?

– Que saia da frente! Avise meus pais que Felipe, o filho deles, está de volta!

O pobre criado não acreditava no que via e ouvia. Havia acompanhado Felipe desde o nascimento até a idade madura. Sempre havia sido de pouco relacionamento com a criadagem, mas era educado. E, agora, aquela maneira de tratá-lo? E o seu rosto? Dava-se para notar a cicatriz, apesar da venda sobre o olho...

– Está surdo, homem?

– Senhor Felipe, perdão... Faz muito tempo... e já estou velho, não enxergo muito bem.

– Está bem, José. A viagem foi cansativa e deixou-me mal-humorado. Arrume um alojamento para meu acompanhante no setor dos criados. Ele estará sob minhas ordens e, até decidir o que fazer, deixe-o à vontade.

À medida que falava, apeou de sua montaria e foi adentrando a enorme construção.

José, após repassar as ordens aos outros servidores, apressou-se em acompanhar Felipe ao interior da casa.

– Vá, José! Vá avisar meus pais! – Assim falava, sem virar-se, enquanto se dirigia à ampla sala de estar, onde ricos e belos quadros adornavam suas paredes.

Felipe, assim que se sentou, recostando-se em um pequeno sofá que dava de frente a uma das amplas janelas, observou José imóvel, pálido, postado em meio à sala, de olhar e cabeça baixos.

– O que foi? Por acaso está também surdo?

– Não, senhor. Ouço ainda muito bem. É que não temos notícias suas desde há muito tempo e, em vão, foram enviados mensageiros para localizá-lo e colocá-lo a par dos acontecimentos...

Levantando-se em um salto, Felipe o interrompeu bruscamente:

– Que acontecimentos? Diga logo, homem! – E, caminhando até o pálido criado, pressentindo algo ruim, perguntou: – Onde estão os meus pais?

– Senhor, não gostaria de ser eu a lhe dar esta notícia, mas a urgência do momento me compele a isto.

Felipe já ia admoestá-lo, até que ele prosseguiu:

– Os negócios, me parecem, não iam muito bem já há alguns anos. Duas safras foram perdidas por uma praga na plantação, e seu pai também tinha a enfermidade da condessa para preocupá-lo...

– Minha mãe? Diga de uma vez por todas: onde estão meus pais? – A essa altura, Felipe, segurando com força os braços do infeliz criado, quase o suspendia no ar, olhando-o furiosamente.

– Eles estão mortos, senhor... Estão mortos!

Felipe, trôpego, soltou-o, caminhou até a janela e ali ficou, olhando para o extenso campo que se descortinava.

Quando criança, era naquele local que costumava passear a cavalo, sempre acompanhado por mestres cavaleiros, observado ao longe, com orgulho, por seu pai, que, às vezes, deixava escapar um elogio:

– Muito bem, meu rapaz, muito bem!

Sua mãe também sentia-se orgulhosa do jovenzinho que, desde essa época, já trazia em si o porte de um nobre.

Embora depois de adulto não estivesse sentimentalmente ligado a eles, eram seus pais. Após tudo o que havia vivido, estava cansado, exausto, e esperava encontrar em seu lar, junto aos seus, o amparo que seu corpo ressequido e sua mente enfermiça necessitavam. Não sabia como seria sua vida em seu retorno, mas a morte dos pais... nisso em nenhum momento havia pensado ou sequer suposto.

Uma dor profunda rasgou-lhe o peito e o fez estremecer. As pernas bambearam, fazendo-o buscar o assento, no que foi rapidamente amparado pelo atento criado.

Alguns silenciosos momentos se passaram, em que recordações e suposições quanto ao seu futuro se mesclaram. Cabisbaixo, com o olhar perdido no vazio, ordenou a José:

– Conte-me tudo.

– Não prefere descansar um pouco, comer algo, para depois inteirar-se de tudo, senhor?

– Não, pode contar-me tudo, sem receio.

José, com humildade e reverência, iniciou seu relato:

– Com a morte de dona Ana e quando o senhor partiu para a guerra, esta casa tornou-se muito triste. Seu pai ficava ausente durante vários dias, tratando dos negócios, e sua mãe ficava todo esse tempo em seus aposentos, não saindo para nada. Passava horas no terraço, olhando para a colina, como se procurasse algo. Por inúmeras vezes me ofereci para acompanhá-la até lá, para talvez encontrar o que buscava ou para distrair-se, mas ela sempre declinava com um melancólico sorriso.

Pausando um rápido instante para coordenar as ideias, prosseguiu:

– No começo, suas cartas faziam-na alegrar-se um pouco. Chegava até a comentar com alguns de nós os acontecimentos que o senhor narrava e ficava ansiosa, aguardando o retorno do senhor conde para compartilhar sua alegria. Com o tempo, suas cartas foram escasseando, mas, mesmo quando ela recebia alguma, não era com o mesmo entusiasmo de antes. Ela se portava como se nada mais lhe interessasse. Começou a perder a vontade de alimentar-se e emagreceu muito. Falava coisas estranhas e citava nomes que não conhecíamos. O senhor conde começou a ficar mais tempo nesta casa e trouxe vários médicos, que tentaram muitos tratamentos, mas foi horrível... Nada deu certo.

Felipe parecia alheio à narrativa, mas não estava. Cada palavra, cada frase, criava uma respectiva imagem em sua mente, que ele acompanhava, como se estivesse presenciando os fatos narrados.

– E esses tratamentos a fizeram sofrer?

Meio reticente, procurando minimizar a dor que seu jovem senhor estava sentindo, José prosseguiu:

– Os médicos eram ilustres e, segundo o senhor conde, tratavam da família real, que os enviou para cá em sinal de amizade. Os tratamentos, disseram, eram os feitos nesses casos, como sangrias, algumas poções muito fortes, que a deixavam muito agitada, sendo necessário, por diversas vezes, amarrá-la ao leito. No caso de sua mãe, nenhum efeito houve para sua recuperação, e foi com tristeza que todos a viram morrer no final de uma tarde, após uma pequena melhora que tivera durante aquele dia.

Observando Felipe, que continuava impassível na mesma posição, continuou:

– Muitas foram as tentativas de encontrá-lo, senhor, até que seu pai recebeu a informação de que estava preso e, segundo sei, iniciou negociações para libertá-lo. Ouvi uma conversa entre ele e seu tio, o conde João, em que ele dizia a seu pai que tivesse paciência, pois em uma audiência dele com o rei fora informado de que, em breve, a guerra cessaria, porque um acordo estava sendo firmado. Depois disso, as viagens do senhor conde tornaram-se mais longas e sua permanência nesta casa, nos intervalos de viagem, era de poucos dias, em que ele também ficava em seu quarto, sem ver os colonos ou as plantações.

À medida que revivenciava o ocorrido, os olhos de José enchiam-se de lágrimas, pois, embora sempre tratado com distância pelos seus senhores, ali estivera desde jovem e acostumara-se à sua vida e sua função naquela família. Sentia em seu íntimo uma sincera gratidão para com os patrões.

– Em uma dessas curtas passagens por esta casa, percebi que o conde estava doente, pois, quando pela manhã fui ajudá-lo a vestir-se, vi vários lenços ensanguentados junto do seu leito. Notei então que ele tossia muito e, com a tosse, golfadas de sangue eram expelidas. Com muita insistência de minha parte, o senhor conde consentiu que chamássemos um médico, o que fizemos com urgência. Os mesmos médicos que atenderam a condessa Amélie retornaram e o atenderam com presteza, mas, infelizmente, também desta vez, não tiveram sorte.

E, após uma pequena pausa para controlar a emoção, prosseguiu respeitosamente:

– Dois dias foram o suficiente para que ele morresse. Os médicos nada puderam fazer; disseram que a doença estava muito adiantada e, embora tivessem tido contato com o conde na corte, ele nada lhes dissera, nenhum comentário sequer com relação ao seu mal. Conde João ordenou que eu assumisse a direção dos criados e disse que, a cada duas semanas, ele aqui viria para orientar-nos. Pediu ajuda ao rei para localizar o senhor e, desde então, o que temos feito é aguardar por alguma notícia sua.

A essa altura, Felipe, que ouvia cada palavra de José com acentuada atenção, sentiu uma profunda amargura povoar-lhe a mente e o coração.

Colocou ambas as mãos sobre o rosto, como se esperasse encobrir com esse gesto os acontecimentos que lhe eram revelados, e silenciosamente chorou.

Lágrimas escorreram-lhe pelas faces, tentando aliviar a caldeira fervilhante em que se transformara sua mente.

José, discretamente, deixou-o só, e Felipe ali ficou por várias horas. Não chamou ninguém, nada pediu nem saiu do assento em que se acomodara no início. Só conseguia reviver em sua mente, várias vezes, as imagens que a narrativa de José havia criado.

Capítulo 14

Margarete

— Traga meu cavalo, José, e chame Luís para aprontar-se também.

— Pois não, senhor.

A manhã estava com céu claro e poucas nuvens. A extensa propriedade coloria-se de um tom dourado, mostrando-se extremamente bela.

Felipe teve um sono agitado, mas uma boa cama e uma farta refeição pela manhã auxiliaram muito em seu restabelecimento.

Acostumado, nos últimos tempos, às duras batalhas, procurou encarar o acontecido como mais uma derrota que a vida lhe impunha. Iria inteirar-se do andamento dos negócios da família e daria continuidade a eles. Teria de decidir sobre seu futuro, saber que rumo daria a ele. E era importante começar logo.

— Aqui está seu cavalo, senhor. Seu criado já está vindo. Posso saber se voltará logo?

– Vou à casa de meu tio. Não devo demorar-me, talvez um dia ou dois. Enquanto isso, continue cuidando de tudo e, quando eu voltar, conversaremos.

– Aqui estou, senhor. – Era Luís, que se aproximava. Transparecia-lhe no rosto e no andar que dormira pouco e bebera muito.

– Pois então vamos. Cavalgaremos algumas horas, e quero chegar antes de o sol abrasar.

Lado a lado, os dois cúmplices que o destino unira galoparam pela estrada, sumindo, na distância, dos olhos atentos de José.

Com apenas uma breve parada para descanso dos animais e dos cavaleiros, em torno do meio-dia, avistaram imponente castelo. Fora construído, havia séculos, no alto de uma colina, com privilegiada vista sobre ampla extensão de terra, além das muralhas que serviam para preservar os donos de qualquer ataque ou imprevisto desagradável.

Foram recebidos à porta por um criado que, após a identificação, indicou a Luís o serviçal a acompanhar e conduziu Felipe ao interior de amplo salão de espera. Deixando-o à vontade, foi notificar o dono da casa.

O interior da fortaleza era imponente e luxuoso, ensejando a quem abrigava pensamentos ligados à glória e a conquistas de seu povo, que o tempo soubera preservar. Encerrava em suas paredes utensílios de guerra harmoniosamente arranjados, assim como peças de longa data, que decoravam antigos e bem trabalhados móveis.

Armaduras diversas encontravam-se espalhadas pelo salão, demonstrando que, durante séculos, diversos guerreiros haviam defendido a honra e a tradição do brasão daquela família e do seu reino.

Felipe andava pelo aposento, observando uma a uma as diversas peças expostas. Todas já eram suas conhecidas, pois diversas vezes em sua infância estivera nesse castelo e, em seus sonhos infantis, imaginava-se vestido em armadura, enfrentando inimigos e libertando uma bela princesa do seu cativeiro.

Em meio a essas recordações, eis que surge, por uma escada próxima, apressadamente, seu tio, transparecendo em seu olhar as últimas fatalidades familiares e a surpresa em vê-lo.

Abraçaram-se demoradamente e, após costumeiras perguntas e informações que tão prolongada ausência suscitava, iniciou Felipe o diálogo que ensejara sua visita:

– ... e, após isso, meu tio, decidi vir falar-lhe o mais rápido possível, para que me conte aquilo que José não soube relatar sobre os acontecimentos.

– Sim, Felipe. Os criados apenas observam o que veem acontecer, não vão além disso. Não participam dos negócios da família nem se atrevem a imaginar o que se passa dentro dela.

Servindo um fino licor que se encontrava próximo, em uma rica cristaleira, prosseguiu em tom grave, após sentarem-se:

– O que seu criado não lhe contou, Felipe, porque não sabia, é que, após o falecimento de sua mãe, seu pai foi acometido por uma profunda tristeza. Nada mais lhe interessava. A princípio, esteve algumas vezes como hóspede nesta casa e, embora o cercasse de todas as gentilezas, que meu cunhado merecia, nada o fazia satisfeito. Tornara-se triste e irrequieto. Quando ele e minha irmã eram vivos e compareciam às festas da corte, não nos parecia que ele realmente a amasse, mas, desde o adoecimento de Amélie, provou a todos que sentia por ela um profundo amor.

Sorveu calmamente um gole da bebida e continuou:

– Depois de um tempo, começou a beber mais do que de costume e permanecer muito tempo em Paris. Discretamente e apenas para poder ajudá-lo, mandei segui-lo e descobri que por noites inteiras e contínuas participava de rodadas de jogos, com o que procurava disfarçar sua amargura. Não faltaram conselhos de minha parte, e tudo fiz para que voltasse à razão, mas não adiantou.

Procurando sintetizar para não chocar o sobrinho, que o ouvia com atenção, prosseguiu em sua descrição:

– A maneira como ele morreu foi conforme seu criado descreveu. Os médicos foram os mesmos que atenderam sua mãe e, em ambos os casos, não tiveram êxito. Foi vontade de Deus.

– E esses médicos, eram os melhores que nosso dinheiro poderia pagar? – fuzilou Felipe.

– Meu filho, dessa forma você me ofende. Mesmo que juntássemos a sua e a minha fortuna, não compraríamos a vontade de Deus!

– Desculpe, meu tio, não quis ofendê-lo – retrucou Felipe, refletindo melhor.

– Eu sei. Não esperava que ficasse calmo com tantas notícias terríveis à sua volta, mas, acredite, sempre amei muito minha irmã, e seu pai foi para mim como um irmão. Fiz tudo o que estava ao meu alcance.

– Eu sei, meu tio...

Nesse instante, pela porta principal, em um alegre cantar adentrava uma jovem que não era de grande beleza mas, na sua simpatia, transmitia todo um encantamento de difícil explicação, além de uma energia contagiante.

– Tio! Tio! Olhe as flores que colhi próximo ao lago. Devem ter... oh!

Com espanto, ela parou bruscamente de falar. Não sabia que havia visita, pois saíra pela manhã a passear e tinha certeza de que o tio não aguardava ninguém.

Margarete era filha da outra irmã do conde João, que morrera ao lhe dar à luz. Seu pai logo falecera, tombando em um dos muitos duelos que, como uma peste, tirava a vida de muitos nobres e guerreiros de toda a Europa.

Ainda pequena, fora morar no castelo, sob os cuidados do conde e de sua esposa Diana, que a tratavam como a filha que nunca haviam tido.

– Desculpe! Não vi que estava com visita.

– Visita? Não reconhece seu primo, Margarete? – perguntou-lhe o tio.

O conde, desde o primeiro momento em que vira Felipe, havia notado a evidente transformação que a vida lhe impusera. A cicatriz marcara com severidade o rosto outrora belo e imponente do rapaz, mas o tio só comentaria isso caso o jovem assim o desejasse. Mostrara-se indiferente durante todo o diálogo, e isso fizera Felipe esquecer daquela infeliz marca que a vida lhe dera, mas, quando vira sua companheira de folguedos e sonhos de infância entrar na sala, havia ficado lívido.

Em um instante, sentiu todo o trauma dos acontecimentos da estalagem e, se pudesse, sairia dali correndo em busca da nefanda responsável pela sua desgraça.

– Felipe! – Em um gesto automático, ela se dirigiu ao moço e estendeu-lhe a mão.

Respondendo com delicadeza ao cumprimento, com o olhar baixo e a voz trêmula, disse-lhe com frieza:

– Deve estar me achando horrível, cara prima, e não a culpo, sei que estou mesmo.

A moça, percebendo que não conseguiria disfarçar seu espanto, procurou amenizar a situação:

– Não pude deixar de notar seu rosto, meu primo. Mas a beleza que sempre observei em você não é visível aos olhos, mas sentida pelo coração.

Felipe não conseguiu responder. Por um instante lembrou-se das longas conversas, nos passeios matinais, com Margarete. Haviam feito algumas promessas de amor, sim, mas ele nunca as levara a sério, o que não podia se dizer dela. Ela parecia a mesma: a mesma alegria, a mesma simpatia; no entanto, ele...

O conde, percebendo o mal-estar visível de Felipe, quebrou o silêncio:

– Vamos almoçar, meus jovens; há muito ainda o que conversarmos, mas, de estômago vazio, fica muito difícil. Ânimo, meu rapaz, porque a vida tem de prosseguir!

Enquanto se dirigiam à sala de refeições, continuou:

– Sua tia Diana vai ficar muito feliz quando souber da sua volta.

Ainda meio aturdido e sem mostrar convicção em sua pergunta, Felipe dirigiu-se ao conde:

– Já ia perguntar sobre ela. Onde está minha tia?

– A condessa está em Verdun, na casa de uma tia que se encontra enferma e reclamou sua presença. Ausentou-se há alguns dias e talvez fique alguns outros, aproveitando o passeio para respirar ares novos, pois já andava se queixando de não estarmos viajando ultimamente. E você sabe, Felipe, mulher que se queixa muito é como bota apertada: não muda o nosso caminho, mas incomoda bastante.

Riram todos, e, após outros comentários sem importância, a refeição foi servida.

Capítulo 15

O passeio

Após o almoço, o conde pediu a Felipe que ficasse por aquele dia e, à noite, após o jantar, conversariam sobre os negócios que seu falecido pai havia deixado, no que teve imediata concordância. Retirou-se o conde, alegando ligeira indisposição, deixando os jovens à vontade, entendendo que deveriam ter muito a conversar.

Dirigiram-se, os dois moços, à sala de estar e, por alguns momentos, um silêncio incômodo preencheu o ambiente, até ser quebrado pela voz de Margarete:

– Felipe, não seria bom para você contar-me sobre esses anos em que esteve fora? Sinto que está amargurado. Sei que só ontem soube da morte de seus pais, mas percebo que há algo muito forte preso em seu peito, que precisa sair para aliviá-lo.

Carinho era algo que havia alguns anos ninguém tinha por ele. Não estava mais acostumado a esse tratamento. Sentiu-se indefeso, mas, enquanto analisava a inesperada situação, permaneceu quieto, sem nada responder.

Margarete, sentindo o constrangimento de Felipe, e percebendo que não seria aquele o momento adequado para seu desabafo, desconversou:

– Felipe, gostaria de dar um passeio? Perto do lago que costumávamos conversar há belas flores, que eu mesma plantei. Não quer vê-las?

– Sim, vamos.

Felipe consentiu mais para ver-se livre daquela situação que o oprimia do que para observar flores, o que na atual fase de sua vida em nada o estimulava.

Dois belos animais foram preparados e, lentamente, conduziram os jovens por um caminho bem cuidado, entre árvores de diversas espécies.

Enquanto em um calmo cavalgar percorriam o caminho, nada falavam, procurando cada um dividir sua atenção entre as belezas do percurso e os próprios pensamentos.

Felipe olhava aquelas paragens com saudades. Por várias vezes, na infância e na juventude, por aqueles lugares estivera – desde a época das batalhas ilusórias, em que destronara reis e vencera cavaleiros, até determinado momento em que, já adulto, envolvera-se com a gentil Margarete, com quem tivera um romance que não fora tão secreto como supunha.

Partira para a guerra e prometera que voltaria e a desposaria então. Mas os tristes embates que vivera haviam tomado sua atenção e, ainda pior, sua esperança. Voltava sim, mas só agora recordava sua promessa.

Já Margarete era toda entusiasmo. Nunca perdera a esperança e aguardava Felipe, convicta de que ele retornaria para buscá-la. Embora ficasse longos períodos sem notícias, jamais perdera a certeza de seu retorno e, com a informação do fim da guerra, sua ansiedade havia aumentado. A cada dia, sentia mais próximo o reencontro.

Uma certeza intuitiva avisava-a da volta de Felipe, e tudo se confirmara. Ele estava ali, cavalgando ao seu lado, como antes, embora um pouco mudado, pensava, é verdade, e talvez um pouco sofrido. E aquela cicatriz em seu rosto, de fato, o deixara com um feio aspecto, mas haviam sido contingências da guerra, e ela o amava pelo que ele era; o restante não era importante...

O lago se avistava por uma pequena elevação natural do terreno, e as flores, em grande quantidade, faziam-se belas como nunca. Eram de cores diversas, e seus variados comprimentos faziam um harmonioso e único conjunto que até a Felipe contagiou.

– Que lindas! Foi você quem as plantou?

– Sim, mas com a ajuda dos criados. Eu venho sempre aqui, para cuidar delas. Gosto de deitar-me aqui e ficar pensando.

Felipe desceu do animal e auxiliou Margarete a fazer o mesmo. Caminharam por alguns metros e, por sugestão da moça, sentaram-se à sombra de uma frondosa árvore, onde uma refrescante brisa vinha ao seu encontro e podiam ter uma encantadora visão, pois à frente deles havia as flores e o lago.

– Aqui também é o lugar em que gosto de ficar, quando está muito quente.

– É muito agradável mesmo – afirmou Felipe com sinceridade.
– Escolheu um belo lugar para nosso passeio.

– Tenho vindo sempre aqui. Gosto de ficar recordando de momentos que aqui perto passei com você, e também do dia em que prometeu voltar para buscar-me.

Felipe, acostumado a lidar com situações adversas em duros combates, não tinha muito jeito com situações como a que se apresentava. Poucas vezes havia se lembrado de Margarete nesses últimos anos, mas lhe tinha feito uma promessa, isso era verdade.

– Sim, fiz-lhe realmente uma promessa, mas nesses anos todos mal tive tempo para pensar em outra coisa que não fosse permanecer vivo. Foram dias e noites de muita tensão e, agora, quando retorno para recomeçar minha vida, fico sabendo da morte de meus pais...

– Felipe – interrompeu Margarete –, perdoe-me se lhe pareceu uma cobrança. Sei da imensa dor que deve estar sentindo, e chegou apenas há um dia... Acalme-se, reflita, recomponha sua vida – e, com uma voz serena, procurando mostrar sinceridade, continuou: – Quanto à promessa que fez, se entender que não mais se ajusta ao momento, obterá de mim a ruptura de qualquer compromisso. Quero-lhe muito e o aguardei até agora com respeito, é verdade, mas prefiro-o feliz, acima de tudo, a estar comigo preso por um compromisso assumido.

Felipe se surpreendeu. Margarete sempre fora extrovertida e sincera em suas palavras e ações, mas havia amadurecido e mostrava uma personalidade que despertava sua simpatia. E, o que o surpreendia ainda mais: parecia não se importar com sua atual aparência, fazendo-o até se esquecer de sua deformidade.

– Eu que lhe peço perdão, Margarete! Não estou declinando de meu compromisso. Apenas, desde que cheguei, não consegui colocar as ideias em ordem e, ainda hoje, conversarei com tio João sobre o andamento dos negócios de minha família. Peço-lhe paciência; em breve voltaremos a falar sobre esse assunto.

Compreendendo o momento, Margarete, com um sorriso, demonstrou-lhe entendimento e, levantando-se, puxou-o pela mão, pôs-se a andar e mudou o clima da conversa:

– Venha, vamos colher algumas dessas flores para você levá-las amanhã.

Por quase uma hora, Felipe esteve a rir e a descontrair-se como havia muito tempo não fazia. Retornaram ao castelo, desta vez em uma descomprometida conversa em que Margarete contava a ele por onde andavam seus antigos companheiros da sociedade.

Chegando ao castelo, separaram-se, e Felipe, depois de comunicar a Luís que ali permaneceriam até a manhã seguinte, seguiu ao seu aposento para descansar do passeio e preparar-se para a conversa, após o jantar, com seu tio.

Capítulo 16

Compromisso assumido

— Pois bem, Felipe assim se resume a situação: seu pai contraiu muitas dívidas, e os credores, fiados em minha palavra, aguardam sua volta para que, honrando seus compromissos, diga-lhes como e quando deseja pagar-lhes.

A situação, pensou Felipe, não era confortável, mas também não chegava a ser desesperadora. Tinha propriedades, terras e, se usasse de firmeza e determinação, poderia, com o tempo, saldar as dívidas contraídas por seu pai, honrando seu nome e preservando seus bens.

Enquanto analisava mentalmente a situação financeira, foi interrompido por seu tio, que, sem perturbar-se, asseverou:

— E há também um assunto que julgo pertinente tratarmos hoje. É sobre Margarete.

Felipe empalideceu. Por que seu tio falaria sobre ela? O que ele sabia? Mal houve tempo para oscilar entre seu espanto e suas dúvidas, enquanto o conde continuava:

– Desde a morte do pai, tenho-a sob minha tutela e, com ela, os bens que lhe pertencem por direito. Não é muito, mas são duas extensas áreas de terras próximas às nossas, sendo uma delas próxima àquela em que moravam seus pais quando em vida. A propriedade ainda está em bom estado, só que, sem cuidados e abandonada, necessita de urgentes reparos.

Servindo o já conhecido licor a Felipe, prosseguiu sorrindo:

– Será o dote que o futuro esposo levará para juntar aos seus bens e preservar os da família.

Felipe, que até então procurava mostrar-se indiferente, interpelou o tio com indisfarçável espanto:

– Mas a quem ela está prometida? Estive com ela toda a tarde, e ela nada me contou!

Felipe ainda não tivera tempo de pensar sobre todos os acontecimentos desde sua chegada, e tudo se desenrolava muito rapidamente. Os momentos passados, à tarde, com Margarete tinham sido agradáveis, e havia prometido a si mesmo pensar com seriedade sobre o que haviam conversado. Mas agora aquela conversa de seu tio... De quem ele falava?

– Não sei sobre que assuntos trataram nesta tarde, pois muitos anos os separaram e ainda necessitarão de muito tempo para conversar sobre tudo...

Depois de um instante, prosseguiu, olhando para o desconcertado moço:

– O que sei é que, desde que você partiu, ela o tem esperado. Muitos foram os interessados, mas a nenhum ela demonstrou simpatia alguma. Poucas foram as reuniões às quais compareceu, sempre acompanhada por mim e sua tia, e em todas comportou-se discretamente e alheia a tudo. Confidenciou à condessa que você prometeu esposá-la quando voltasse, e o que ela tem feito é aguardar com entusiasmo esse momento.

Embora procurasse mostrar-se calmo, era visível o constrangimento de Felipe. Se tivesse se lembrado de tal promessa, teria adiado sua visita para preparar-se e pensar melhor sobre o assunto. Agora, diante de seu tio, não poderia vacilar, afinal, era sua palavra... e havia também o dote.

– Portanto, Felipe – o tio continuou –, sua dúvida é inoportuna e não vou considerá-la. Se sua promessa for confirmada e o matrimônio se consumar, as terras que receberá, se bem cuidadas, o auxiliarão substancialmente a honrar os compromissos financeiros.

Não havia muito o que pensar. Sua palavra fora dada, e o que seu tio ponderava era o correto. Juntar-se-ia o útil ao agradável, e as coisas se encaixariam com o tempo.

– Sim, meu tio. Como tutor de Margarete, peço-lhe que a conceda para ser minha esposa.

– Mandarei avisar a condessa e informarei Margarete sobre nossa decisão. Conte com nossa aprovação e nossa bênção!

– Obrigado, tio! Se não houver mais nenhum detalhe a observarmos por hoje, peço-lhe o obséquio de dispensar-me, pois amanhã parto bem cedo para logo iniciar a recuperação das plantações. Aqui voltarei em algumas semanas, para conversarmos e estar com Margarete.

– Esteja à vontade, Felipe, também vou recolher-me. Amanhã mesmo vou a Paris conversar com os credores e tranquilizá-los. Com trabalho e paciência, tudo se normalizará – e, levantando-se, finalizou: – Agora vamos repousar. Boa noite!

Capítulo 17

Os preparativos

Mal despontou o sol na manhã seguinte, e Felipe já estava de pé e pronto para o retorno. Juntou-se a Luís, que, pela péssima noite que tivera, revoada de horríveis pesadelos, também cedo se levantara. Os dois avisaram sobre a partida somente aos criados, para não incomodarem os donos da casa, e se foram.

A viagem se fez em silêncio e em ritmo apressado. Felipe só parou por alguns minutos, a pedido de Luís, que mencionou a exaustão dos animais.

Em sua mente, o moço tentava coordenar os pensamentos, montando as peças que emolduravam o quadro atual de sua vida. Iria trabalhar muito, recuperar o que seu pai havia perdido e, quanto a Margarete... essa união talvez viesse em boa hora.

Chegaram por volta das onze horas, sendo recebidos por José, que se apressou em acomodá-los. Após organizar o asseio de seu patrão, providenciou para que fosse servida a refeição.

Logo após o almoço, em completo silêncio e introspecção, Felipe dirigiu-se à sala de estar para uma reunião com José.

— José, meu tio informou-me de que tem cuidado muito bem de tudo por aqui, e não era de esperar menos, pois sempre recebeu por seus serviços e teve, de nossa família, tudo o que necessitou.

— Tudo isso é verdade, senhor — respondeu-lhe José em um tom servil.

— Pois bem, a partir de agora cuidará apenas dos serviços referentes a esta casa, pois em poucas semanas espero receber minha esposa. Quero que providencie tudo o que for necessário para bem acomodá-la. Informe-me daquilo que necessitar.

José, sereno e impassível, perguntou:

— E as plantações, senhor, não necessitará de minha ajuda para tratar com os colonos?

— Não, trouxe comigo um companheiro que me auxiliará nesse trabalho — e, procurando dar um tom de verdade ao que falava, arrematou: — Luís acompanhou-me fielmente na guerra e é homem de confiança. Só receberá ordens minhas!

Embora contrafeito, mas sem nada demonstrar, respondeu-lhe o criado:

— Será como ordena, senhor. Se permitir, vou começar agora mesmo os preparativos.

— Claro! E, a propósito, a sua nova senhora será madame Margarete, já conhecida desta casa. Envie os mensageiros para informá-la das arrumações que serão feitas, para saber seu gosto e aprovação. No mais, avise-me sobre qualquer assunto que se fizer necessário. — Para encerrar a conversa, falou: — Agora vá, preciso analisar os registros das finanças.

— Com a sua licença, senhor...

Sem notar o criado que saía, Felipe debruçou-se sobre antigos livros de registros que seu pai utilizava para anotar as contas da família. Era como um diário, no qual toda transação comercial realizada por ele tinha lá sua anotação.

Os registros mostravam a Felipe que, nos últimos meses anteriores à morte de seu pai, não havia anotações indicando o motivo de várias despesas financeiras, comprovando a grande quantia que seu pai havia perdido no jogo.

Felipe passou toda a tarde inteirando-se das movimentações registradas. Já pelo fim da tarde, mandou avisar Luís de que, no dia seguinte, percorreriam toda a propriedade, fiscalizando as plantações e avisando os colonos das novas determinações.

Assim foi feito, e, durante três semanas, a rotina na casa foi esta: Felipe, acompanhado por Luís, bem cedo já saía para fiscalizar o trabalho no campo, enquanto José, auxiliado pela criadagem, cuidava das reformas e dos preparativos para receber a nova senhora da casa.

Após esse curto período, Felipe, na companhia de Luís, voltou ao castelo do conde João, para firmar os detalhes do compromisso.

Foi com alegria recebido por todos, inclusive por sua tia Diana, que havia voltado de viagem assim que fora informada dos últimos acontecimentos.

– Estava ansiosa para vê-lo. Seu tio falou-me muito bem de você e disse que, apesar dos últimos e lamentáveis acontecimentos, superou-os muito bem.

– A guerra tem seu lado bom, minha tia. Ela nos prepara para a guerra ainda maior: a da vida!

– Não vejo desta forma, Felipe. Sentir a vida como uma grande batalha está muito longe do que penso – interferiu Margarete, um tanto contrariada.

– Ele tem razão, Margarete – concluiu a condessa. – A vida é realmente muito interessante, mas há também algumas pequenas batalhas pelas quais temos de lutar. A minha – fez uma pausa, ajeitando os cabelos – é contra o tempo!

Sorriram todos com a brincadeira, e o conde, um pouco formal, reconduziu o fio da conversa:

– Pois bem, Felipe, já que estamos todos reunidos, podemos conversar sobre a união de vocês.

Ao se tocar nesse assunto, Margarete sentiu um certo constrangimento, pois, desde que conversara com Felipe naquele recente passeio, quando de sua visita, não tivera mais nenhum contato ou notícia dele. Soubera da notícia de seu compromisso pelo tio e recebera também alguns enviados da casa de Felipe, que vieram acertar detalhes sobre a arrumação de seu novo lar, mas, pessoalmente, ele nada lhe dissera até então. Foi com atenção que observou Felipe, impassível, responder ao conde:

— Sim, tio! Já preparei minha casa para receber Margarete e gostaria de marcar a cerimônia para o final deste mês.

— Mas assim tão cedo? — surpreendeu-se a condessa.

— Sim, minha tia! Não vejo motivos para adiar nossa união.

— Mas alguns preparativos se fazem necessários: a festa, os convidados...

— Se me permite, minha tia — delicadamente, interrompeu-a Felipe —, devido ao luto em que nos encontramos, e, é claro, se Margarete concordar, gostaria de uma cerimônia simples, sem convidados e, de preferência, no final deste mês. Gostaria de recomeçar minha vida de uma forma sensata e com certa urgência.

Todos os ouvintes se entreolhavam, buscando uma aprovação, quando Margarete, interrompendo o silêncio, com um ar de satisfação, falou:

— Por mim, não me oponho. Se os tios aprovarem...

— Mas uma festa, não muito grande, seria apropriada para alegrar um pouco o silêncio desta fortaleza — argumentou a condessa, meio contrafeita. — E os nossos amigos, o que poderão pensar? Tenho certeza de que farão comentários maldosos a respeito.

— Tia — disse-lhe Felipe, sem perder a calma —, a realidade é bem diferente dos nossos sonhos. Se fosse em outra época, não hesitaria em satisfazer sua vontade, mas, hoje, não me preocupo com o que as outras pessoas possam pensar. Quero refazer minha vida e, se não se opuserem, poderei hoje mesmo tudo acertar.

O conde, percebendo as divergências, argumentou com ponderação:

— Minha esposa, acredito que não faltarão, no futuro, oportunidades para celebrarmos. No momento, concordo com

Felipe, e me parece que Margarete também. Portanto, vamos decidir os detalhes e dar o assunto por encerrado. Acredito que os noivos devem ter muitos planos para serem traçados.

Com uma expressão constrangida, movimentando a cabeça em sinal de consentimento, embora com um tom de desânimo, falou a condessa:

– Se é o que preferem...

Capítulo 18

O pequeno Arnaldo

Tudo ficou acertado e, em poucas semanas, a cerimônia foi realizada de forma simples e sem convidados, conforme haviam acertado os noivos. Imediatamente após o casamento, o casal rumou para a propriedade de Felipe, o novo lar de Margarete.

Foram recebidos alegremente pelos criados, que, sob o comando de José, souberam decorar a casa com belos arranjos de flores, todas da preferência de Margarete.

Iniciou-se, a partir de então, uma nova vida para o casal. Os primeiros dias transcorreram sem nada que merecesse qualquer comentário. Margarete ia se amoldando à nova forma de viver e, aos poucos, habituando-se à maneira introspectiva de seu marido.

Havia um grande jardim próximo à casa, que necessitava de cuidados, e Margarete passou a dedicar a ele a maior parte do seu dia. Já Felipe mantinha a sua rotina habitual, levantando-se cedo e percorrendo a propriedade, junto com Luís, bem como fiscalizando o trabalho de todos. Com seu empenho, as plantações foram se recuperando, e os negócios, prosperando. Uma das propriedades de sua esposa, após receber seus cuidados, foi muito bem vendida, o que lhe possibilitou saldar boa parte da dívida contraída por seu pai. O que restava seria facilmente saldado em breve.

Os meses foram passando sem novidades. Felipe se apegava ao trabalho com toda a sua energia, e isso o ajudava a distanciar-se de seu mundo interior, que, como um vulcão inativo, a qualquer momento poderia expelir as brasas que dormitavam em sua mente.

Em uma tarde, quando voltava do campo após a habitual inspeção, foi ter com Margarete, que se encontrava distraída em seus afazeres, em meio ao seu jardim predileto.

– Meu marido, veio mais cedo hoje?

– Sim, amanhã vou cedo a Paris, negociar parte de minha dívida para, na próxima colheita, saldá-la totalmente.

– Que bom! Fico feliz em saber que tira esse peso de seus ombros.

– O que dói é saber que uma mesa de jogo, à qual se fica sentado apenas algumas horas, absorveu o trabalho de anos de toda uma família.

– Não pense nisso agora, Felipe, já passou. O importante é que você conseguiu saldar a dívida e agora podemos preparar um bom futuro para os nossos filhos.

Felipe inquietou-se com esse comentário; era a segunda vez que Margarete tocava nesse assunto nos últimos dias, e havia um tom diferente em sua voz. Determinado como sempre, resolveu perguntar:

– Margarete, há algo que deseja me contar?

Com um olhar que transparecia toda a alegria interior que o acontecimento lhe inspirava, falou-lhe:

– Sim, Felipe. Será pai em breve!

Por alguns instantes, Felipe ficou mudo, estático, olhando de frente para Margarete, sem esboçar o menor gesto.

– Espero que esteja feliz! – arriscou Margarete, sem entender qual era o sentimento do esposo.

— Feliz... Sim! Claro que estou! Só não havia me passado pela cabeça tal ideia, mas claro que estou feliz! – e, em um gesto incomum ao seu temperamento, abraçou-a comovidamente.

O relacionamento entre eles desenvolvia-se com frieza desde que tinham se unido. Margarete intuía que algo muito ruim havia acontecido no período em que estivera na guerra e acreditava que, com o tempo, tudo se resolveria. Agora, com um filho, certamente, pensava ela, a alegria reinaria naquele lar.

Decorrido o período de gestação, nasceu um belo menino, de nome Arnaldo, em homenagem ao avô paterno. Não nasceu, porém, muito saudável. Tinha intermináveis crises de choro e, em diversas ocasiões, tinha-se a impressão de que o ar faltava em seus pequenos pulmões.

Em meio a diversos tratamentos e a mudanças constantes de lugares, à procura de um clima ideal, crescia o pequeno herdeiro. Alcançava a idade de dois anos, franzino e muito pálido, concentrando em si a atenção de seus preocupados pais.

Felipe fazia tudo para alegrar seu pequeno filho, a quem muito se afeiçoara. Às vezes, quando, após uma exaustiva noite de vigília acompanhando o agitado e febril sono do menino, o pequeno adormecia, saía à varanda e, observando o céu povoado de estrelas, perguntava:

— Por que comigo? Será sempre assim minha vida, tudo sempre tão difícil? Quando chegará o dia em que terei paz, afinal?

Envolto nesses pensamentos, observava raiar o dia, que o aguardava para a lida diária. Intercalavam-se noites como essa, em que, junto com Margarete, passava ao lado do filho, e outras em que a natureza parecia dar-lhes uma trégua. Tudo acontecia sem muitas alterações ou mesmo esperança, quando um fato começou a dar novo rumo à história de suas vidas...

Capítulo 19

Os ciganos

Luís continuava como administrador das plantações. Todos os dias pela manhã participava da inspeção das plantações com Felipe. O relacionamento dos dois tornava-se cada vez mais distante, e, após o regresso de seu patrão à casa, ficava ele livre para, junto aos colonos, demonstrar sua autoridade, principalmente a algumas infelizes mulheres que, em troca de alguns presentes ou favores, tudo lhe faziam.

Foi por meio de algumas delas que Luís ficou sabendo de um grupo cigano instalado próximo às terras de Felipe. Soube que nesse grupo havia um velho cego que tinha poderes ocultos, pois conversava com os mortos, e que, com as suas poções, muitos males eram eliminados e muitos desejos, também satisfeitos.

Embora não vivesse mal onde estava, pois comia e bebia muito bem, Luís sempre queria mais. Tinha medo de que Felipe se distanciasse dele e tudo procurava fazer para agradar-lhe. Talvez, se conseguisse ajudar na cura do pequeno Arnaldo, pensava, cairia nas graças do patrão, e isso lhe renderia bons dividendos.

Aguardou o momento propício e, num dia em que Felipe parecia cansado, dando evidências de que a noite fora passada em torno do menino, resolveu Luís, enquanto cavalgavam, inquirir o fato ao patrão:

– Patrão, se me permite a intrusão, gostaria de saber como anda seu filho.

Franzindo a testa e demonstrando preocupação, respondeu-lhe Felipe:

– Com crises constantes. Há momentos em que nos dá a impressão de que se recupera bem, mas recomeça o surto de tosse e aí é aquele inferno. Como sofre o coitadinho!

Fingindo estar comovido e mostrando-se solícito, prosseguiu Luís:

– Sei que ele tem recebido a ajuda dos melhores médicos e vejo também a atenção que o senhor e a madame dispensam ao menino, mas gostaria de ser-lhes útil, e há algo que quero contar-lhe.

– Pois então fale, Luís!

Felipe ouviu com atenção o relato minucioso de todas as qualidades que, avidamente, Luís atribuía ao velho cigano. E, tentando mostrar-se interessado em ajudar, concluiu:

– Acredito que nenhum mal possa haver em tentarmos essa ajuda, senhor. E, caso permita, eu mesmo vou até esse acampamento, entender-me com o cigano.

Felipe pensou por alguns instantes. Não acreditava nessa história de falar com os mortos, e para ele essa raça de ciganos era gente muito estranha e pouco confiável. Lembrou-se, nesse instante, de Celine, e um rubor de sangue alterou-lhe a face. Havia tempos não se lembrava dela; procurava esquecer o incidente da estalagem, pois havia outras coisas com que se preocupar, mas isso ainda o incomodava.

– Ciganos... Essa raça não é de confiança!

– Mas que mal poderiam fazer, senhor? E uma boa quantia decerto fará esse velho preparar com vontade um bom remédio.

Um lampejo de esperança passou pela mente de Felipe, maior do que sua aversão pelos ciganos.

– Pois bem, Luís, pode procurar esse velho! Se ele tiver algum remédio para esse mal que atormenta o meu filho, pague seu preço. Se der resultado, recompensarei você também!

A sorte estava do seu lado. "Tomara que esse cigano cego seja tudo isso que falaram", pensou. E, com um grande sorriso, respondeu:
– Vou amanhã mesmo procurar esse homem, senhor!

Capítulo 20

A poção

Em uma pequena clareira, em meio a fechado bosque, avistavam-se algumas carroças cobertas com lonas, formando um seguro abrigo. Tendas trabalhadas com tecidos coloridos abrigavam um grupo itinerante de ciganos, que já estava nesse local fazia alguns meses.

Não foi difícil para Luís encontrar o acampamento. Após as explicações, foi conduzido à presença do velho cigano, que, sentado próximo a um resto de fogueira, aquecia sua refeição pacientemente, fechado em suas íntimas visões.

— Antônio, este homem veio falar-lhe.

Sim, era Antônio, o pai de Celine. Após deixar a filha na estalagem de Gabriel, Antônio acabara sendo alcançado pelos seus perseguidores durante a fuga. Espancado até perder os sentidos, fora julgado morto pelos seus verdugos, que, em um gesto cruel, haviam lhe furado os olhos, bradando entre gargalhadas desequilibradas:

– Para nada enxergar no inferno, seu verme!

Deixado em um canto da estrada, foi avistado e recolhido por uma carroça cigana que se afastara um pouco de seu grupo. Tratado e recuperado pelos irmãos de raça, ali ficou colaborando com o grupo por meio de seus dons sobrenaturais. Muito havia aprendido da tradição de seu povo e, com os olhos fechados para o mundo exterior, intensificaram-se as experiências espirituais. As poções à base de ervas, que vendia a bons preços, tinham efeitos certeiros em diversos casos para os quais as receitava.

Quanto a notícias de Celine, ficou um longo tempo sem tê-las, e, quando as conseguiu, foi por intermédio de um grupo que por aquelas terras havia passado.

Achou melhor não enviar notícias suas, pois Celine encontrava-se feliz e seria mais bem cuidada e protegida por Gabriel. Seria um estorvo para ela e, afinal, estava velho. Além disso, segundo os espíritos com os quais se comunicava, em breve estaria no mundo dos mortos.

– Bom dia, senhor, pode sentar-se. A que vem me procurar?

Luís, meio ressabiado, iniciou o relato sobre a doença do menino.

– ... e, caso se consiga a cura, meu patrão, que é homem de posses e muito generoso, o recompensará muito bem. Tenho certeza que sim.

– Volte daqui a dois dias; vou preparar uma poção.

– E quanto custará?

– Levará o remédio, depois acertamos.

– Muito bem! – Levantando-se, acrescentou: – Daqui a dois dias estarei de volta. Até breve.

No prazo combinado, Luís retirou a poção e dirigiu-se à casa de Felipe, que, com atenção, ouviu as indicações sobre o remédio.

Com o frasco em mãos, procurou Margarete e confidenciou-lhe o assunto:

– E então, Margarete, o que acha?

Olhando para o menino, que se contorcia a tossir, respondeu-lhe:

– Devemos tentar, Felipe. Mal, decerto, não lhe fará. Vamos usar este remédio sim. Quem sabe não nos foi enviado por Deus?

Felipe concordou, embora um pouco preocupado.

Após alguns dias, a situação da criança passou a se modificar. Já saía do quarto para brincar, e seu rosto mostrava sinais evidentes de melhora. Seus pais sentiam-se cada vez mais aliviados e felizes, e Luís atingia seu objetivo. Fora muito bem recompensado por Felipe e, devido à alta soma paga pela poção, caíra nas graças do ambicioso cigano. Este, percebendo a personalidade de Luís, fornecera-lhe uma mistura que, assim que ingerida, exaltava sua virilidade, tornando mais intensa suas investidas sobre a criadagem.

Dessa forma, a vida na propriedade transcorria normalmente, e parecia que seria assim para sempre.

Capítulo 21

Maus presságios

Paris

Havia uma revolução de costumes e tradições se manifestando no ar. O povo, cada vez mais descontente com a distância existente entre ele e a nobreza, e devido às transformações que se verificavam na América, fez surgir uma classe, cada vez mais forte e dominante na sociedade: a burguesia.

Em virtude do poder econômico sempre crescente da burguesia e com o aumento de seus representantes no poder, surgiam grandes possibilidades de mudanças, fazendo nascer na consciência coletiva dos franceses a esperança.

Foi nessa época que chegaram a Paris, recém-casados, André e Celine. Em pouco tempo, em muito prosperaram. André abriu um pequeno comércio, dando continuidade ao que mantinha em sua antiga cidade, e, com seu jeito fácil de lidar com o público, embora discreto devido à sua timidez, logo atraiu muitos e ricos clientes, que fizeram seu comércio crescer com rapidez.

Celine, ainda cheia de entusiasmo pela nova vida que levava, recebeu a terrível notícia da morte de Gabriel. Soube que ocorrera um incêndio logo depois de sua partida e que seu querido tutor nele havia sucumbido.

Uma tristeza profunda irrompeu nela e, embora André a rodeasse de cuidados, de nada adiantavam. Ficava só durante o dia, pois seu esposo ausentava-se até bem tarde, devido às atribuições de seu negócio, e somente quando ele chegava é que se dispunha a comer e a realizar seus afazeres.

Constantemente era convidada por famílias, que se fizeram amigas, a passear e a frequentar festas, mas não se interessava por isso. A morte súbita de Gabriel a infelicitara demais, e a ausência de André a fazia sentir-se extremamente só.

Seu marido tentava de tudo para fazê-la feliz, e, quando a sentia demasiadamente deprimida, costumava levá-la à sua loja para distraí-la com o movimento dos fregueses e dos transeuntes pelas ruas.

Não tinham filhos. Celine não engravidara, e isso também o preocupava, mas confiava em Deus e que tudo a seu tempo se arranjaria.

Seu estabelecimento comercial era amplo e bem abastecido: vendiam ferramentas, mantimentos, sementes e outros artigos. Muitos senhores de grandes propriedades e plantações ali se abasteciam para seus investimentos. André a todos servia com atenção, e a qualidade de suas mercadorias trazia a fidelidade de seus clientes.

Em uma manhã muita fria, por causa da insistência de sua esposa, André a levou consigo para a loja. Não o ajudava nos afazeres, mas tampouco o incomodava. Ficava em um canto, observando o movimento e, de vez em quando, entabulava uma ligeira conversa com alguma freguesa que por lá passava.

O ponteiro do relógio caminhava para as dez horas, quando uma grande carroça parou à porta. Enquanto o cocheiro examinava os cavalos, seu acompanhante adentrou no recinto.

– Bom dia, senhor Luís, muito prazer em vê-lo! – cumprimentou-o André, estendendo-lhe a mão.
– Bom dia, senhor André. Como andam os negócios?
– Muito bem, senhor Luís, muito bem!
– Aqui tem uma lista de mantimentos e sementes, e, embora não esteja anotado, coloque também um tonel de vinho. Minha patroa se esquece de que, sem o vento, o moinho não se move!
Com um sorriso cortês, André respondeu:
– É verdade, senhor Luís. E, por falar em sua patroa, como anda a saúde do filho dela?
– Muito boa. O menino melhorou bastante depois de uma poção que lhe arranjei. Sorte minha, pois, depois disso, o conde está bem menos ranzinza – concluiu com uma ruidosa gargalhada.
– Uma poção, senhor Luís? Que poção milagrosa é essa?
Percebendo que falara demais, aproximou-se de André e falou perto de seu ouvido:
– Um cigano, amigo meu, me arranjou. O menino está quase curado!
André, que havia tentado junto à medicina ao seu alcance todos os recursos possíveis, mas até então não conseguira eliminar a inexplicável melancolia que se abatia sobre sua bela e outrora feliz esposa, dirigiu-se em voz baixa a Luís, para que Celine não o ouvisse:
– Senhor Luís, tenho tido alguns problemas com minha esposa. Após a morte do pai, há poucos anos, ela caiu em uma tristeza imensa. Nada lhe traz alegria e, visivelmente, sua apatia é profunda. Tenho consultado diversos médicos e nenhum tem resolvido seu problema. Dizem que é passageiro, mas percebo que só tem progredido com o passar do tempo – e, olhando de lado para certificar-se de que Celine não o ouvia, continuou: – Quem sabe, senhor Luís, esse curandeiro não possa nos ajudar?
Luís, que ouvia com atenção e, devido a sua astúcia, já percebera a necessidade do jovem e rico comerciante – bem como ele saberia talvez recompensá-lo com finos vinhos –, viu que afinal aquela não era uma má ideia. Foi com ar de pretensa bondade que respondeu a André:

– Na próxima semana, vou ter com meu amigo cigano e falarei sobre sua esposa. Fique tranquilo; tenho certeza de que ele dará um jeito nessa situação.

– Ficarei muito grato, amigo, se isso for possível! Sente-se aqui e aprecie um vinho muito especial, que guardo para amigos também especiais.

André, que tudo fazia por aquela que amava, rejubilou-se com a expectativa de uma provável cura. Serviu o administrador do conde com o vinho que prometera e, após algum tempo, voltou à mesa, dirigindo-se a ele com respeito:

– Senhor Luís, sua encomenda já está carregada. Só estão faltando alguns pacotes de sementes, que receberei na próxima semana – e, com um brilho de esperança no olhar, concluiu: – Quando voltar para pegá-los, espero ter novidades sobre seu amigo...

– Ah, sim, certamente! A propósito, muito bom este vinho! Muito bom!

– Leve a garrafa com o senhor! Aliás, antes que se vá, permita-me apresentá-lo à minha esposa.

Sem saber que mostrava o cordeiro ao lobo, conduziu-o até Celine, que se mantinha, como de hábito, próxima à janela.

– Querida, este é o senhor Luís, administrador da propriedade do conde Felipe D'Jou. Ele tem um amigo que sabe lidar com ervas e que, talvez, tenha uma poção que retire de você essa tristeza.

– Muito prazer, senhor – respondeu a moça sem muito entusiasmo.

– Encantado, senhora! Terei enorme prazer em ajudá-los.

Luís pensava consigo mesmo que não estava mentindo; teria realmente muito prazer com as garrafas de vinho fino que receberia como agradecimento, caso seu amigo acertasse na cura da jovem.

Despediram-se, e André acompanhou Luís até a carroça. Quando este ia ordenar ao cocheiro a partida, ouviu André dizer:

– Eu e Celine estamos muito agradecidos pela sua atenção. Volte em breve!

Como se levasse um susto, Luís virou-se abruptamente, perguntando:

– Como disse?

André, que não havia entendido o motivo do espanto, repetiu, meio reticente:

– Eu lhe disse que eu e minha esposa agradecemos sua intenção em nos ajudar.

– Qual é mesmo o nome de sua esposa?

– Celine. Mas por que a pergunta? – falou André, demonstrando sinais de irritação.

Luís, relembrando os detalhes do episódio da estalagem e da partida de Celine para Paris com um jovem marido, percebeu a importância do momento, pois poderia ter deparado com um grande achado. Procurou controlar-se e, usando de astúcia, dissimulou:

– Desculpe o meu jeito, caro senhor André, mas não é um nome comum, e minha irmã, que mora bem ao sul, tinha uma filha com esse nome, que não vejo desde pequena.

Recompondo-se, André lhe respondeu sorrindo:

– Ah, sim! Mas, sem dúvida, não é a mesma pessoa. O pai de minha esposa, que era cigano, deixou-a com Gabriel, um amigo seu, quando ela era pequena, e ambos não tinham mais parentes vivos. Aliás, ambos também estão mortos.

Luís quase não acreditava no que ouvia: era ela mesma. Estivera frente a frente com Celine. A sorte realmente estava do seu lado. Com certeza, Felipe lhe pagaria um preço alto por essa informação. Desta vez, cairia definitivamente nas suas graças.

Com um sorriso muito mais esfuziante do que o normal, apressando o cocheiro, respondeu a André:

– É verdade, senhor André, foi uma ideia absurda a minha!

– Ora, não foi nada! – E acenando: – Aguardarei notícias, senhor Luís.

– Eu as trarei, senhor André, eu as trarei...

Capítulo 22

O destino

O caminho de volta à propriedade foi tumultuado de pensamentos infelizes na mente de Luís.

Se os homens pudessem ver, com os olhos físicos, os tipos de espíritos que os cercam quando suas mentes germinam a ganância, o orgulho e a maldade, sem dúvida mudariam suas atitudes e seu modo de vida...

Era um grupo que caminhava pela estrada empoeirada: o cocheiro e Luís, pelo lado material, e uma verdadeira multidão, no mundo espiritual, irada, vingativa, usando Luís como um fantoche, insuflando maldade em suas ideias e decisões.

— Não posso reclamar de minha situação – murmurava –, mas ela poderia ser bem melhor. Meu patrão sabe recompensar muito bem meus serviços, e essa notícia o surpreenderá. Mas e se ele estiver enfraquecido por causa das mudanças em sua vida e não quiser levar avante sua vingança? Minha notícia não valerá nada!

E, seguindo a orientação sinistra de seus ocultos amigos, pensava: "É melhor eu fazer tudo sozinho e depois contar-lhe, assim ele não terá como voltar atrás e será obrigado a me recompensar. Quem sabe, para calar-me sobre toda essa história, ele não me dê até uma pequena porção de terra como prêmio? Afinal, tenho sido um fiel companheiro...".

Em meio a revoltos pensamentos, avizinhou-se da propriedade. Resolveu dormir e, pela manhã, pensar melhor em sua estratégia.

Somos responsáveis pelos nossos atos, quaisquer que sejam eles. Quando atraímos para junto de nós indivíduos com tendências malévolas, não devíamos nos queixar. Não vieram por capricho ou por acaso. A ligação foi criada por nós, e as consequências devem ser assumidas.

Pesadelos tumultuaram a noite do infeliz e incauto Luís, e o novo dia não lhe trouxe pensamentos mais iluminados do que os da noite anterior.

Obcecado pela ideia de tirar vantagens da situação e totalmente influenciado pelas entidades espirituais interessadas na trama, resolveu procurar seu amigo cigano e com ele aconselhar-se.

Pelas visitas frequentes à aldeia em busca do valioso tônico com que alicerçava suas aventuras sensuais, tornara-se conhecido, sendo sua entrada livre de qualquer impedimento.

– Como vai, Antônio? Trouxe-lhe uma garrafa de um bom vinho.

– Obrigado. E você, meu amigo, como está?

– Estou ótimo, meu velho, ótimo!

– Pelo que sinto, não acho que esteja bem; percebo-o envolvido em alguma confusão.

Luís, já familiarizado com a intuição do velho cigano, mas sem se importar com isso, continuou a falar:

– Estou mesmo um pouco perturbado, meu velho, e esse é o motivo da minha visita. Preciso de conselhos e da sua ajuda.

Tendo com Luís apenas uma relação que qualquer comerciante teria com um bom cliente, com interesse, preparou-se para ouvi-lo.

– Pode falar, senhor Luís.

– Nunca lhe contei sobre minha vida, mas agora sinto que somos amigos e, para me dar o que preciso, acho que terá de saber de toda a história. – Chegando mais perto do cigano, falou-lhe ao ouvido: – Tenho muitas moedas e acho que posso confiar em seu silêncio e ajuda.

Isso dito, passou-lhe uma pequena bolsa recheada de moedas, que foi avidamente recolhida e guardada sob a roupa pelo velho cigano.

– Estou ouvindo! Pode continuar! – disse Antônio, escondendo um sorriso.

Luís, sentindo-se encorajado a falar e com a mente nublada pela cegueira que a cobiça impõe, não percebeu a transformação no semblante de Antônio à medida que versava sobre os fatos acontecidos desde que conhecera Felipe.

A cada insinuação ou referência desrespeitosa a Celine, o cego cigano rangia ainda mais os dentes e, a custo, tentava não agredir Luís.

Não sabia da morte de Gabriel e muito menos do casamento de sua filha, mas quis o destino que, mesmo longe e incógnito, pudesse protegê-la. Aqueles homens queriam matá-la, e ele deveria ter cautela. Agiria com inteligência... e rapidez.

– ... daí, então, se tivesse alguma poção que meu patrão pudesse tomar para reavivar a antiga raiva por essa mulher, e também – acrescentou, aproximando-se mais e baixando a voz – algum forte veneno para acabar com essa infeliz, eu, com certeza, teria uma grande recompensa a lhe dar e não esqueceria o favor prestado por este amigo.

Com a fronte coberta de suor, Antônio, recompondo-se após uma pausa, falou com calma a Luís:

– Mande vir a moça e o marido até minha presença, para que eu possa conhecê-los. Após isso, verei como ajudá-lo.

Com um malicioso sorriso, Luís, agradecido, levantou-se dizendo:

– Eu mesmo os trarei aqui. Sabia que podia contar com você – e, despedindo-se, afastou-se.

Foi uma semana tumultuada para Luís, que não conseguia concentrar-se em nada. Só pensava em eliminar Celine e em sua recompensa. Assediado por entidades ocultas, que se compraziam do mesmo sentimento de vingança, bebeu como nunca e se entregou aos prazeres sensuais com uma volúpia incontida.

Já no lar de Celine, quase nada havia mudado. Apenas André mostrava um pouco mais de esperança, aguardando notícias de Luís sobre o amigo cigano. Esperava ansioso a alegria voltar a reinar em seu lar.

Quanto a Antônio, pensava na melhor maneira de ajudar a filha a se livrar dos criminosos que queriam matá-la.

Felipe e Margarete, por sua vez, estavam mais tranquilos com relação à saúde do pequeno Arnaldo e, em meio a essa alegria, já cogitavam a possibilidade de aumentar a família.

Os dias se passaram, vivendo cada um de acordo com seus sentimentos e seu mundo interior. O sol, todas as manhãs, surgia no horizonte; no entanto, muitos preferiam continuar em meio às trevas da noite.

Capítulo 23

O reencontro

– Bom dia, senhor André.
– Senhor Luís, que prazer em revê-lo!
– Trago-lhe boas notícias.
– Aguardava-o ansioso, meu amigo. Venha, sente-se aqui. Vou apanhar um bom vinho para que o aprecie.

André apressou-se em servir seu melhor vinho e recomendou que fossem colocadas, na carroça, as sementes que ficara devendo.

Assim que terminou de tomar essas providências, André puxou um assento ao lado de seu pretenso amigo e iniciou a conversa:

– Pronto, senhor Luís, já está tudo sendo providenciado. As sementes são de boa qualidade. Agora me diga: quais são as boas-novas?

Luís mal dissimulava no rosto o prazer que sentia com suas funestas intenções; passava a impressão a André, no entanto, de que realmente se interessava em ajudá-lo.

– Falei com meu amigo cigano e ele resolveu ajudá-los. Disse para você e sua esposa irem até lá conversar com ele. Garantiu-me que esse caso tem cura.

– Que maravilha, senhor Luís! Que boas notícias me traz. Agora me diga: como faço para chegar até ele?

– Se quiser, eu os levo até lá.

– Quanta gentileza de sua parte. Serei eternamente grato ao senhor!

– Que é isso, senhor André. O local fica próximo à estrada que conduz à propriedade do conde. Só me desviarei um pouco do meu caminho e, afinal, para que servem os amigos?

Sem perceber a trama que se desenrolava, entusiasmado, André respondeu:

– Obrigado, senhor Luís! E para quando poderia ser?

– Hoje mesmo, se quiser. Não é muito longe e, se formos logo, pelo meio da tarde já estarão de volta.

André concordou, agradecido. Não podia perder aquela oportunidade. Depois de dar instruções aos empregados, pediu ao amigo que ficasse à vontade, saboreando seu vinho, enquanto ia, rapidamente, até sua casa apanhar a esposa.

Em meia hora já estava de volta, acompanhado de Celine, que não demonstrava nem um pouco de entusiasmo. Sem delongas, partiram.

A viagem foi rápida e, sem problemas, chegaram ao acampamento. Logo estavam diante da tenda de Antônio, que atendia nesse lugar caso fossem necessárias conversas mais íntimas.

O cigano estava com um largo chapéu de aba preta, que encobria parcialmente seu rosto, e a grande barba espessa, aliada às transformações que a vida sulcara em seu rosto, tornava-o irreconhecível para Celine.

Após as apresentações, despediu-se Luís com grande satisfação e seguiu seu caminho, deixando o casal a sós com o cigano.

Antônio refletira muito durante a semana e chegara à conclusão de que seria melhor para todos não revelar sua identidade; dessa forma, poderia ser mais útil. Depois de muito pensar, armou um plano para ajudar sua filha.

– Conte-me com detalhes o que está acontecendo, meu filho.

André narrou minuciosamente os fatos, desde a morte de Gabriel até a transformação progressiva de sua esposa.

Antônio observou o carinho com que o moço se dirigia à sua filha e, reconfortado em relação ao genro, perguntou diretamente a Celine:

– E você, minha filha, pode descrever-me o que sente na realidade?

– Não sei bem ao certo. Sinto apenas uma profunda tristeza, uma melancolia que às vezes me invade o coração.

Antônio pegou a mão de Celine e, concentrando-se, ativou sua visão espiritual. Percebeu ao seu lado espíritos malfazejos que, prejudicados pela moça em vidas passadas, reclamavam agora seu direito à desforra.

Por afinidade de vibrações adquiridas, estes iam tomando aos poucos o controle de seu comando mental, interferindo em suas emoções para, posteriormente, pela indução psíquica, conduzirem-na ao suicídio.

Soltou a mão de Celine e afirmou com gravidade:

– Minha filha, a tradição cigana, que sei que conhece, explicou-lhe sobre as várias vidas que temos sobre a Terra. Em uma delas, fez vários inimigos, e são estes que atormentam sua mente e lhe causam infelicidade. Com a ajuda de espíritos protetores, esses seus algozes serão afastados e não serão mais problema para você.

Um silêncio profundo e respeitoso preenchia a tenda cigana, e o jovem casal ouvia atento, enquanto o velho cigano, com o tom ainda mais grave, prosseguia:

– Mas há um outro perigo, e esse, muito mais forte e próximo do que imaginam. Peço que confiem em mim e em mais ninguém. Não contem a nenhuma outra pessoa sobre o que estou lhes falando e, mais uma vez, peço-lhes: não confiem em ninguém.

André, como se acordasse de um sonho ruim, interpelou o cigano:

– Mas de que perigo nos fala?

E, para testar a honestidade do velho, acrescentou:

– Essa proteção que nos propõe, qual é o preço dela?

– Nenhum, meu filho. Nada lhes cobrarei pelos meus serviços. Faço isso por motivos íntimos e, podem acreditar, só desejo o bem a vocês.

André, que não entendia tão repentina amizade e interesse, ainda insistiu:

– Mas, com certeza, necessitará de algo.

– Não necessito de nada além do que a vida já está me concedendo. A oportunidade de poder auxiliá-los já é meu pagamento.

André ficou um tanto confuso, pois já ouvira essa conversa sobre os mortos, mas nunca se detivera para pensar sobre isso. Também havia esse outro perigo mais próximo, de que o velho falava. E, ainda, por que essa ajuda tão desinteressada por parte do cigano?

Iria esperar para ver se Celine de fato se recuperaria; isso era o mais importante. Era só aguardar e confiar, afinal, ele era amigo de Luís, e este falara muito bem do homem. Iria aguardar.

Levantou-se e auxiliou Celine. Após se despedir, já ia se retirando, quando, ainda próximo, ouviu o velho cigano murmurar:

– Vão em paz, meus filhos. Que nossos mortos os protejam!

Capítulo 24

O veneno

Após deixar o casal com Antônio, Luís se dirigiu ao seu alojamento. Trabalhou avidamente até o fim do dia e recolheu-se.

Mal pôde dormir naquela noite. A ansiedade de saber o resultado do encontro de Celine com o cigano não o deixava quieto um momento sequer.

Levantou-se cedo e, junto com o patrão, realizou a costumeira inspeção. Felipe, percebendo a disposição incomum de Luís, resolveu deixá-lo prosseguir com o trabalho sozinho e retirou-se para casa, a fim de atender a outros deveres.

Tão logo Luís viu-se só, seguiu em rápida cavalgada ao acampamento, ansioso por notícias.

Dirigindo-se à tenda de Antônio, que já esperava pela visita, sem rodeios e afoito, foi logo perguntando:

– Como vai, meu amigo? Deu tudo certo?

– Fale baixo e sente-se aqui – indicou o cigano. – Sim, deu... – e, simulando um sorriso: – Eles caíram na armadilha.

– Que bom. Sabia que podia confiar em você. E o que planejou?

– Dei ao casal uma poção que irá envená-los aos poucos, enfraquecendo-os até a morte.

– E por que não os mata de uma vez? – inquiriu Luís.

– Para dar tempo de preparar seu patrão com essa outra poção – e, tirando do bolso um pequeno frasco, entregou-o a Luís, dizendo: – Com esta fórmula, que tem efeitos mágicos, o conde relembrará o passado com acentuado rancor e, quando você contar que se vingou em nome dele, receberá por certo uma grande recompensa.

Luís riu ruidosamente.

– Excelente plano! Damos uma ótima dupla, meu velho! Não vejo a hora de resolver esse caso para acertar minha vida de vez. E a sua, é claro! – Depois, colocando o frasco escondido sob a roupa, perguntou: – Mas diga-me: como é que faço para que meu patrão o tome?

– Bastam apenas poucas gotas numa taça de vinho. Uma só vez será o bastante. – Retirando de suas roupas outro frasco, entregou-o também a Luís. – E este é para você. Vai deixá-lo muito mais forte do que das vezes anteriores – e, demonstrando malícia, concluiu: – Não haverá criadas suficientes!

Rindo estrondosamente, Luís, feliz como nunca, levantou-se e despediu-se de Antônio, quando este o advertiu:

– Tome este líquido somente depois de ter dado o de seu patrão – e acrescentou rindo: – É para comemorar!

– Obrigado, velho! Pode deixar, será uma grande comemoração.

Rindo muito, Luís se afastou.

Enquanto se distanciava a galope, e o ruído ia se extinguindo, o silêncio foi envolvendo o velho cigano, deixando-o a sós com seus pensamentos.

Havia mentido, é claro. Os dois frascos continham poderosos venenos. Mortos os dois, Celine estaria livre de qualquer vingança, e ele poderia, então, morrer em paz.

Era só aguardar...

Capítulo 25

Desencarne

Por dois dias, Luís tentou aproximar-se de Felipe para servir-lhe a poção, mas em vão. Felipe tornava-se a cada dia mais caseiro e mais distante. Achou melhor não forçar, para não estragar tudo.

Guardou o frasco em seu quarto e pensou: "À noite, vou levar um copo de vinho ao conde alegando que é para comemorar a safra, que será abundante. Ele decerto não se fará de rogado, e pronto! Tudo estará resolvido".

Mas as vias do destino foram outras...

– Senhora, o menino voltou a tossir.
– Dê-lhe algumas gotas do remédio, Maria, que logo passará.
– O frasco está vazio, senhora. Receio que não haja mais nenhum na casa.

– Peça a José que vá ao quarto de Luís e veja se não há algum guardado lá. É sempre ele quem vai buscar com o cigano e, até hoje, nunca deixou que faltasse.

– Pois não, senhora. Já estou indo.

A serviçal falou com o velho criado, que, imediatamente, dirigiu-se aos aposentos de Luís (este se encontrava no trabalho, junto com o conde), a fim de procurar o remédio.

Sem muita dificuldade, pelos poucos móveis existentes no local, José encontrou um pequeno frasco sobre um criado-mudo que, pelo tamanho e pela cor, assemelhava-se àquele que buscava.

Se abrisse a gaveta, veria outros vidros, e talvez a dúvida evitasse o pior. Mas, inconsequente, José levou o líquido fatal consigo.

A criada aproximou-se de Margarete.

– A senhora tinha razão, madame. Havia um frasco no quarto que, acredito, Luís deve ter esquecido de trazer. José me entregou o remédio e já o ministrei ao pequeno Arnaldo. Logo ele estará bom.

– Não lhe disse, Maria? Luís gosta muito de Arnaldo e está sempre indo ao acampamento cigano para cuidar de meu filho.

Dito isso, Margarete continuou a cuidar das flores em seu jardim com acentuada atenção.

Passados mais alguns momentos, uma gritaria irrompeu na casa, e José, assustado, chegou ao jardim, chamando por Margarete:

– Senhora, senhora! Corra, por favor, o menino não está bem!

Margarete, como se recebesse, naquele instante, a carga de um raio, saiu em desabalada carreira para o interior da casa e, chegando ao quarto do menino, deparou com um triste quadro: a criança agonizava sobre o leito, vertendo golfadas de sangue sobre o travesseiro.

Com um grito alucinado, sem esboçar movimento algum, Margarete caiu, desfalecida, agravando ainda mais o desespero dos criados.

Foram em busca de Felipe, que se encontrava nas redondezas; não foi difícil achá-lo. Após receber a notícia, como o vento, precipitou-se à casa. Parecendo um louco, cavalgou, exigindo o máximo das forças do animal, chegando, por isso, em menos de meia hora à sua casa.

Estarrecido, Felipe observou que nada mais poderia ser feito. Seu pequeno Arnaldo estava morto, envolvido em larga poça de sangue, que ainda jorrava pelos tenros lábios. Ao seu lado, em uma pequena poltrona, estava Margarete, ainda desfalecida, amparada pelas criadas.

Luís chegou logo em seguida. Estava também perplexo; nem imaginava o que havia ocasionado aquela morte e permanecia atônito, tal como os demais.

Indescritível, no entanto, era o que sentia Felipe. Todo o inferno que vivera no passado, nas batalhas, na prisão, na estalagem, não chegava nem perto do que vivenciava agora.

Gritava, esmurrando as paredes, e perguntava aos apavorados criados o que tinha acontecido, enquanto pedia a outros que buscassem um médico com urgência.

Foi nesse tumulto que, muito trêmula, Maria, a criada, acercou-se do conde, dizendo-lhe:

— Senhor, há um fato que julgo estranho e que devo lhe contar.

— O que foi? — gritou como um louco o conde, assustando ainda mais a infeliz criatura.

— O menino estava apenas tossindo, mas, logo após darmos o remédio que ele tomava, empalideceu e começou a vomitar sangue.

Sem saber o que pensar, mas também sem acreditar que o líquido que o curara pudesse fazer-lhe algum mal, ouviu ainda da criada:

— Pode ter havido alguma mudança no remédio, porque o frasco que foi pego no quarto de Luís estava cheio. Quem sabe não houve algum engano?

Ao ouvir o que a criada acabava de falar, Luís deu um salto e, sem raciocinar, gritou:

— Quem mexeu nas minhas coisas?

Felipe sentiu algo de errado no ar e, olhando o frasco que se encontrava na cabeceira da cama, tomou-o às mãos e dirigiu-se a Luís com chamas no olhar.

— Que líquido é este?

Luís já tentava se evadir, mas Felipe se postou à sua frente, o frasco erguido à altura de seus olhos e com uma voz que causava arrepios pelo seu corpo. Percebeu que tudo saíra errado e não sabia o que dizer.

– Não sei... senhor. Esse... era...

Felipe, já descontrolado e com suas grossas mãos apertando o pescoço de Luís, gritou:

– Diga, homem, ou eu o mato agora!

Quase sufocado pela pressão na garganta, Luís tentou explicar o terrível engano, sem imaginar a intenção do cigano. Conseguiu balbuciar:

– Era para o senhor... esse frasco. Foi o... cigano quem me deu...

Sem dar tempo a Luís de terminar sua explicação, na frente de todos, Felipe deu um grito colérico, sacou de um punhal que conservava na cintura e desferiu um golpe mortal no coração do infeliz.

O silêncio se fez aterrador. Ninguém se atrevia a falar ou a dar um passo sequer. Esses acontecimentos ficariam marcados na memória de todos os presentes.

Felipe soltou o corpo de Luís, que, inerte, desabou ao solo. Como se nada mais ouvisse ou enxergasse, o conde passou pela porta como um furacão. Montou em seu cavalo e saiu em disparada rumo ao acampamento cigano.

– Por quê? Por quê? – Era só isso o que dizia, enquanto, velozmente, galopava em direção à aldeia. O cigano matara seu filho com a ajuda de Luís. Mas por quê?

Tinha ido uma vez com Luís até as proximidades do acampamento e, por isso, não seria difícil achá-lo. O ódio lhe mostrava o caminho, como um raio que riscasse o céu.

A distância foi vencida rapidamente. Chegando à aldeia, aos gritos, pediu para ser levado até o cigano cego e, sem que suspeitassem de nada, a ele o levaram.

Ao deparar-se com Antônio, que já ouvira seus gritos e se postara à porta da tenda, falou-lhe com a voz aflita:

– Meu filho está morto e o maldito Luís, a quem eu mesmo

matei, disse-me que o remédio foi dado por você e era destinado a mim. – Chegando mais perto do velho, perguntou: – Responda-me: por quê? O que lhe fiz?

Com a voz serena e demarcada, o cigano disse:

– Realmente o veneno não era para seu filho, e sim para você. Mas, assim como não se importaria em ver minha dor, matando minha filha, também não me importo em ver a sua.

– Sua filha? – gritou Felipe, colérico, a essa altura já rodeado pelos outros homens do acampamento.

– Sim! Minha filha, a cigana Celine, que você procurava para matar!

Felipe não compreendeu como tudo se armara, nem tinha cabeça, naquele momento, para isso. Mas a simples menção do nome de Celine reavivou, em seu íntimo, tudo de ruim que estava guardado, e esse fato, aliado aos últimos acontecimentos, acabou sendo demasiado forte para ele.

Como uma fera, lançou-se ao pescoço de Antônio e, com o mesmo punhal que tirara a vida de Luís, tirou também a do velho cigano.

O inesperado e a rapidez do acontecimento deram alguns momentos de torpor aos outros ciganos que presenciavam a cena. Tão logo caíram em si, jogaram-se sobre Felipe e, em uma luta desigual, inúmeros golpes de afiadas lâminas fizeram tombar, morto, o infeliz guerreiro.

Capítulo 26

Na erraticidade

A luta ainda se desenrolava para Felipe.

Entrentava os inimigos desferindo inúmeros golpes, colocando neles toda a sua fúria.

Os agressores aumentavam em número, chegando de todos os lados, rapidamente. O que Felipe estranhava era que muitos combatentes não eram ciganos, mas vestiam uniformes iguais aos dos exércitos que havia enfrentado na guerra.

"Será que a França declarou guerra aos ingleses?", pensava. "E, se eles se encontravam tão próximos de Paris, onde estava o exército francês para combatê-los? E o cigano? E meu filho?"

A cabeça de Felipe começou a girar. Não estava entendendo o que se passava, quando então, em meio à confusão, viu um homem furioso que se aproximava: era Gabriel, que acompanhava Felipe desde aquele fatídico dia. Obsediava-o com todas as suas forças e ali estava, com os demais, buscando a desforra.

– Não pode ser... Você morreu... E esses combatentes...

Felipe sentiu uma forte vertigem e perdeu os sentidos. Não conseguia entender que se encontrava no mundo dos espíritos com todos aqueles com quem, outrora, havia criado laços de ódio.

Eram homens e mulheres que, mortos impiedosamente por Felipe, aguardavam com ódio o momento em que a proteção que o corpo lhe facultava deixasse de existir, para poderem concluir sua vingança contra ele.

É inexplicável, ao entendimento humano, as agruras sofridas após o desencarne por aqueles que não souberam honrar a vida doada pelo Criador.

A maldade, os crimes, o ódio e todos os atos infelizes cometidos na romagem terrena são páginas de um livro que vai sendo escrito ininterruptamente, gravando cada sentimento, emoção, pensamento e ato, por mais insignificantes que possam parecer.

Quando as portas da morte se abrem e um novo mundo se descortina aos olhos espirituais, cada página desse livro é lida e representada, vividamente, na tela de nossa mente.

O infeliz Felipe vivenciava toda a sua insana existência. Tivera, sim, momentos de enlevo e de boas ações, mas não eram o suficiente para eximi-lo do momento de expiação por que teria de passar.

Foram longos anos em meio a regiões espirituais acidentadas e escuras, perambulando e fugindo sem cessar, deparando-se constantemente com os antigos oponentes, travando com eles intermináveis batalhas.

Não conseguia descansar, pois era só recostar-se a alguma ressequida árvore, ou sobre um cinzento arbusto, que logo apareciam vários espíritos à sua frente, reclamando justiça e buscando vingança.

Em raros momentos de descanso, lembrava-se do pequeno Arnaldo, de Margarete e de sua propriedade. "O que estará acontecendo por lá?", perguntava-se.

Quando pensava mais profundamente no filho, lembrava-se de Luís, do velho cigano, de Celine, e uma onda de ódio apoderava-se dele no mesmo instante. Quando se encolerizava, transformava-se em um potente ímã, atraindo para si todo o grupo de inimigos que o procuravam, e a luta prosseguia...

Quantas vidas preciosas encontram-se ainda nesse inferno interior! Quando virá o dia em que o homem entenderá a importância de cuidar dos valores do espírito, preservando-os para a vida eterna? Quanto tempo ainda será necessário para que seja ouvida a voz divina no interior do ser?

Se não fosse o amor magnânimo de Deus...

Capítulo 27

Ana

Durante dias e noites, as coisas se confundiam na alucinada mente de Felipe. Já havia algum tempo, certificara-se de que algo estranho estava ocorrendo.

Dentre os inimigos que o assediavam, havia muitos que julgava não conhecer, mas, quanto a outros, lembrava-se de tê-los matado em batalhas, no passado. E quanto a Gabriel? Tinha certeza de que estava morto; ele mesmo certificara-se de ver a estalagem em chamas consumindo-lhe o corpo. Parecia que os mortos voltavam das tumbas a reclamar por vingança.

Como em meio a um confuso sonho, Felipe esforçava-se para entender o que acontecia, mas logo era atacado e necessitava defender-se. Não havia descanso.

Exausto, caminhando a esmo, certo dia em que os ataques das entidades, por um motivo desconhecido, deram-lhe uma trégua, passou a refletir de forma mais profunda sobre tudo.

Misturavam-se, em sua mente, cenas da infância com as da época de adulto e também com as de seu pós-desencarne, sem que percebesse a diferença. O mundo parecia estar sempre contra ele, pensava Felipe. Raros tinham sido os momentos em que sentira felicidade.

Tivera, com o nascimento de Arnaldo, um novo alento, uma nova esperança em reconduzir sua existência, mas que tragédia...

Se alguns mortos vinham vê-lo, por que não poderia encontrar seu filho? Se tudo não era um terrível pesadelo, onde estaria ele? O que estaria acontecendo?

Uma entidade luminosa, que estava ao seu lado, magneticamente envolvia Felipe, conduzindo seus pensamentos ao momento de seu desencarne.

Felipe, estarrecido, passou a observar, mentalmente, seu corpo ensanguentado estirado no chão do acampamento cigano. Com a mente aliviada por uma ajuda superior, reviu todos os acontecimentos sob um novo prisma e começou a entender tudo.

Sim, por isso os mortos o combatiam; por isso as lutas intermináveis: estava morto também.

"Mas com todo esse tempo de sofrimento atroz", pensava ele, "estarei eu no inferno, condenado para sempre ao tormento e ao desespero?"

Um grito saiu da garganta de Felipe, e um choro convulsivo prenunciou-se em seu rosto. Nunca pensara profundamente em Deus. Havia estudado, na infância, sobre a vida e os ensinamentos de Jesus, mas não havia sido tocado por eles. Não acreditava que a vida continuasse após a morte, daí seu desinteresse na busca das virtudes do espírito. Entendia agora o tempo perdido e por que se encontrava na atual situação.

Uma tristeza imensa assolou seu ser, e o arrependimento apunhalou seu coração. Lembrou-se dos tempos de criança, quando seus caprichos infantis eram contrariados ou quando era punido por alguma transgressão e procurava consolar-se com sua avó, que sempre o acudia.

Uma saudade imensa encheu-lhe o espírito e, com grande emoção, dirigindo os olhos ao escuro céu que avistava, de joelhos, implorou:

– Ah, minha avó, minha querida avó! Pela bondade que teve para com todos em sua vida, deve estar agora no céu, junto com os anjos. Ajude-me, vozinha, busque-me no inferno e peça perdão a Deus por mim.

À medida que o arrependimento ia tomando espaço no coração de Felipe, o iluminado espírito que se encontrava a seu lado intensificava sua influência, envolvendo-o com sua aura de luz.

Felipe prosseguia em prantos:

– Você sempre me dizia para que eu confiasse em Deus, pois Ele era bom e a todos perdoava. Por isso, peço-lhe: fale com Ele e tire-me daqui.

Felipe sentia-se no limite de suas forças. Quando em vida, sempre pudera contar com sua querida avó. Agora, se ela o estivesse ouvindo, ajudá-lo-ia com certeza.

Em posição de súplica, Felipe sentiu um ligeiro bem-estar. As dores que sentia no corpo, a sensação de pavor e a permanente tontura começaram a sumir, e uma nova sensação tomou-lhe o ser.

Uma névoa passou a tomar forma à sua frente e uma alva figura, que não conseguia definir, tal era seu brilho, tornou-se visível a seus olhos.

– Quem é você? Parece uma santa! Será que é a Virgem Santíssima? – Cobrindo parcialmente os olhos com as mãos, prosseguiu atônito: – Será, porventura, algum anjo do céu, que vem tirar-me do inferno?

Uma doce voz enternecida respondeu-lhe:

– Assim como nos momentos difíceis de sua vida, em que buscava pelo amor que lhe tenho, agora também, em espírito, o mesmo se dá. Estou aqui para ajudá-lo – e, abrindo os braços, com meiguice, ordenou: – Venha, Felipe, reconforte-se em meus braços!

Era Ana, sua avó, que, movida pela força do amor, vinha amparar seu querido neto.

No meio de dores e sofrimentos indescritíveis, aquilo era por demais venturoso para Felipe. Aquele colo e aquele abraço eram o paraíso, a prova de que ela tinha razão: Deus era realmente amor...

Capítulo 28

Casa de Francisco

Passados os momentos iniciais em que a emoção auxiliava no fortalecimento das boas intenções, aproximaram-se espíritos afins que ajudavam Ana na tarefa socorrista. Os abnegados enfermeiros do espaço fizeram Felipe adormecer para que, em tranquilidade, pudesse fazer a viagem que o levaria a um local apropriado ao seu refazimento.

O grupo de trabalhadores era imenso. Dividia-se em pequenos grupos, cada um com tarefas específicas e elementos apropriados de apoio. Periodicamente, desciam a essas regiões infelizes do etéreo para, de lá, retirarem aqueles que, pelas leis do Altíssimo, faziam-se merecedores dessa ajuda.

Terminados os trabalhos de auxílio e resgate, todos, como uma caravana de luz, puseram-se a caminho.

Eram como archotes a caminhar em uma noite sem luar. Espíritos aturdidos pela dor aproximavam-se do grupo tentando a ele se unir. Para muitos, não era chegada a hora. A dor e o sofrimento teriam de fazer o trabalho, para que o arrependimento e o entendimento não tardassem a chegar.

O menor dos elementos do universo tem seu rumo orientado pelo Pai.

Era como o raiar do sol em uma manhã de verão. O céu, avermelhado, ia se dourando à medida que a caravana avançava e se aproximava de uma região astral acima de uma área montanhosa na Terra.

Avistava-se, de longe, uma grande comunidade, que poderia ser comparada a uma pequena cidade terrena. Era composta de centenas de casebres feitos de um material que em muito se assemelhava à madeira, tendo, no centro da comunidade, um alojamento de maiores proporções, onde habitavam, comunitariamente, os espíritos responsáveis pela colônia.

Ao redor da comunidade, não havia muros ou fossos que os protegessem, mas sim uma grande e bela quantidade de flores. Na maioria, eram grandes roseirais, que espargiam uma suave e terna fragrância.

O local havia sido fundado fazia séculos por um discípulo de Francisco de Assis, frei Amadeo, que, sob a inspiração direta de "Pai Francisco", trazia a essa comunidade combatentes mortos nas famosas Cruzadas, que eram realizadas por muitos como um ato de fé.

Para ficarem asilados nos casebres, não eram escolhidos os nobres, religiosos ou crentes fervorosos. O objetivo era amparar os infelizes e desgraçados da sorte. Aqueles que, pelo mal praticado, haviam perdido tudo: família, amigos e, acima de tudo, a esperança.

Os socorristas aguardavam o momento propício, quando o arrependimento irrompia, para recolherem, das regiões tormentosas, esses infelizes irmãos e os encaminharem novamente à trilha do bem.

Com o passar do tempo, novos trabalhadores juntaram-se ao grupo e novos núcleos foram formados em diversas regiões espirituais que circundam o planeta, dando continuidade à missão do fundador do grupo: expandir a fraternidade entre os humanos.

Essas comunidades são conhecidas, entre os trabalhadores, como Casas de Francisco, e não há entre elas a menor diferença, nem do método de trabalho nem de seu objetivo, de quando foi fundada até os dias de hoje, pois o trabalho de resgate aos combatentes da vida e desvalidos de todas as épocas ainda se faz necessário, e a fraternidade e o amor, para nossa felicidade, são eternos...

Felipe foi acomodado em um pequeno casebre, com mais um resgatado. O local era simples, bem asseado e harmônico.

Todos os pequenos alojamentos tinham capacidade para duas pessoas e eram divididos por setores, nos quais o grau de necessidade era o fator preponderante.

Nesse local, Felipe ficou um longo tempo em tratamento. Além do acompanhamento constante dos abnegados enfermeiros, tinha também instrutores que, diariamente, expunham-lhe o que ele conseguia entender sobre as verdades do espírito, além, é claro, do acompanhamento de sua avó terrena, Ana, que se desvelava em extremo carinho por ele.

O responsável pela ala de Felipe era frei Romeiro. Tinha esse nome pois, em última existência na Terra, costumava realizar extensas caminhadas quando queria harmonizar-se com Deus. Nessas peregrinações, era acompanhado por muitos de seus companheiros, que, em inúmeras ocasiões, quedavam pelo caminho, não suportando o ritmo forte e a determinação do frei, que não parava sua marcha enquanto não sentisse o êxtase da presença do Senhor.

Usava o traje habitual dos franciscanos, como a maioria dos trabalhadores da casa. Tratava-se de uma túnica marrom, cingida na cintura por um rústico cordão. Os pés, quase sempre descalços, davam mostras de quanto havia meditado em vida, em suas caminhadas. Frei Romeiro falava pouco, mas suas palavras eram sempre aproveitadas por quem as ouvia...

– Como se sente, meu filho?
– Bem melhor, frei, bem melhor! Apenas sinto ainda uma melancolia quando penso em como devem estar meu filho, minha esposa e também as pessoas que, infelizmente, eu...
Colocando afavelmente a mão sobre os lábios de Felipe, frei Romeiro, com doçura, disse-lhe:
– Meu filho, há momentos em que se faz necessário lembrar-se dos atos infelizes que cometemos no passado. Esse momento, para você, já não é mais necessário, pois agora é outra a sua necessidade. Deve planejar seu futuro no seu novo regresso à Terra, para retomar sua caminhada em busca do Doador da vida.
– Sim, frei, tenho procurado ouvir seus conselhos e também os de minha avó. Eles estão me fazendo muito bem.
E, como uma criança que vê no seu protetor a força e a coragem de que necessita para seguir em frente, acrescentou timidamente:
– Já me foram parcialmente descritas as provas que terei de enfrentar em minha nova existência, e sei também que serei assistido por muitos benfeitores, mas confesso que tenho medo de falhar novamente – e, num olhar que denotava toda a sua ansiedade, concluiu: – O senhor saberia me dizer se conseguirei desta vez?
– Por que desta vez? – perguntou-lhe, mansamente, frei Romeiro. – Acredita que tenha falhado em tudo em todas as outras vidas?
– Só me recordo da última, e, pelo que fiz...
– Filho, temos de entender que, quando Jesus ensinou que tudo é visto pelo Pai, ele quis dizer tudo mesmo. Muitos bons

pensamentos, boas ações, são encobertos por crimes e ações insanas, mas nem por isso deixam de ter seu efeito. Na grande lei da vida, nada, absolutamente nada se perde. O bem, por mínimo que seja, sempre é o bem, e terá, aquele que o pratica, seu justo retorno.

Lendo os pensamentos de Felipe, concluiu, para se fazer mais bem entendido:

— É exatamente isso, Felipe, já foi dito "olho por olho e dente por dente". Só que, pela lei do amor, os olhos e os dentes do bem valem muito mais do que os do mal. Um momentâneo gesto de amor pode eliminar anos de maldade.

Via-se, no rosto de Felipe, a esperança estampada. Compreendia, pelas palavras simples de frei Romeiro, a bondade de Deus. Era como sua querida avó lhe ensinava: um Pai bom, justo e cheio de amor por seus filhos.

Com uma atitude mental mais fortalecida e confiante, perguntou Felipe:

— E quando voltarei para a Terra, frei?

— Em breve. Muitos anos terrenos se passaram desde que atravessou a porta da morte, e muitas coisas já aconteceram.

Percebendo no tutelado a disposição propícia para o conhecimento dos fatos, prosseguiu:

— Margarete, não suportando a tragédia acontecida, sucumbiu alguns meses depois de sua morte e, do nosso lado, teve um destino diferente do seu, encontrando-se muito bem. Arnaldo, seu filho, esteve resgatando, em sua curta passagem pela vida, uma dívida que contraiu pelo abuso em sua maneira de viver, tendo aceitado essa missão para ressarci-la. Ele já reencarnou há algum tempo em tarefa missionária e, quando for aconselhável, virá vê-lo em desdobramento, pelo sono físico.

Felipe a tudo ouvia com resignação, confiando naquele espírito humilde, mas resplandecente, que lhe amparava e reconfortava.

Mas havia algo que queria saber e receava perguntar. Foi com os olhos e a cabeça baixos, e certo acanhamento, que começou a falar:

– Querido frei, já me falou sobre a necessidade do esquecimento para podermos seguir avante, mas há uma pessoa que eu gostaria de saber como está, pois sinto meu pensamento e minha vida muito ligados a ela.

– Será Celine, por acaso, essa pessoa? – interpelou o frei com um meigo sorriso.

Felipe, meio encabulado, não era nem sombra do orgulhoso e vaidoso nobre. Sem olhar para o frei, meneou a cabeça confirmando.

Frei Romeiro, que conhecia a fundo o drama das existências, falou com bondade:

– Muitas vidas os unem, meu filho, mas não será ainda na próxima que serão colocados juntos. Celine conseguiu avançar na espiritualidade e ainda se encontra encarnada, junto com André, que tem a tarefa de auxiliá-la nessa escalada evolutiva. Em breve também estarão em nosso meio.

Segurando as mãos de Felipe, continuou:

– As lembranças de vidas pretéritas são emoções demasiadas para sua atual fase. Mas tenha apenas a certeza de que não é o ódio que deverá aproximá-los, mas, sim, o amor. Quando isso acontecer, sentirão a venturosa união de duas almas no amor universal.

Por fim, colocando uma das mãos sobre o ombro de Felipe, asseverou:

– Tenha Deus, no espírito de Jesus, como seu companheiro de todas as horas. Com Deus em sua mente e Cristo em seu coração, nada poderá desviá-lo de seu glorioso caminho!

Capítulo 29

O único caminho: o amor

Calábria, 1826, sol forte
Um pequeno barco se desloca mansamente em direção a um improvisado cais. Uma vida toda de espera, de resignação, e agora chegara a hora tão aguardada. Será que teria valido a pena? Todos esses anos esperando esse único instante, esse ansiado momento...

Se a vida, como tinham lhe ensinado, era viver os momentos, esse seria o único momento que viveria realmente. E por quê?

Esperara-o durante anos. E agora? Será que ele ainda a amava?

Dois espíritos do Alto, como sóis incandescentes, observavam a cena. Eram os espíritos de Ana e de frei Romeiro.

Ao longe, aproximava-se uma pequena embarcação, trazendo em seu interior um jovem aventureiro e apaixonado. Segurava, firme à mão, um pequeno ramalhete com algumas rosas colhidas algumas horas antes. Seu olhar fixava-se em um pequeno porto no qual, em poucos momentos, deveria apanhar sua valiosa carga.

Eram as reencarnações de André e Celine que, mais uma vez, surgiam na tela das existências, como apaixonados amantes, para juntos encenarem o drama da vida.

– Que desprendimento tem esse espírito! – afirmou Ana, observando o jovem que se aproximava.

– Sim, minha irmã – respondeu-lhe o frei. – Já está iniciado na vivência do amor universal. Prepara, sem egoísmo, o espírito de Celine para que um dia ela receba o amor de Felipe – e, apontando para as flores nas mãos do jovem, acrescentou: – Vê aquelas flores, minha irmã? Elas simbolizam o amor de que lhe falo. Dão-se e exalam seu perfume a quem delas necessita. Traduzem a beleza, e há séculos representam a paz.

Colocando as mãos para trás, em um gesto habitual, enquanto seu pensamento vagava pelo infinito, prosseguiu:

– Assim caminham as almas, num eterno evoluir, para que, um dia, não só simbolizem o amor, como as rosas, mas também sejam, com o Pai, cocriadoras deste universo de amor.

Por fim, lançando um olhar meigo e compreensivo, que traduzia a imensa paz e sabedoria que possuía, concluiu:

– Será um belo momento quando esse grupo estiver, um dia, em harmonia com as leis divinas e suas vidas fizerem parte, então, da grande história de amor, que é a própria história da vida universal.

O pequeno barco chegou enfim ao seu destino. Viam-se de longe, com os olhos do espírito, as emanações apaixonadas emitidas pelos jovens.

Antes de os dois seres do Alto partirem rumo às paragens da eternidade, onde seus trabalhos de amor, em nome da fraternidade humana, eram necessários, ouviu-se ainda o meigo frei profetizar:

– Um dia estaremos todos juntos, vivendo em harmonia e felicidade o Evangelho de Jesus, sob as bênçãos de Deus!

PARA VIVER BEM
Humberto Pazian

Meditações
Formato: 7,7x11,7cm
Páginas: 224

Fonte de pensamentos e reflexões que ajudam a superar momentos difíceis, Para Viver Bem... é leitura que acalma e dá ânimo novo. Pequeno no formato, é um livro que reserva grandes alegrias para aqueles que folheiam suas páginas. Em caso de desânimo, dúvida ou revolta, não perca tempo! Leia Para Viver Bem... e descubra que o essencial está ao seu alcance: por maior que seja a dificuldade, nada resistirá ao seu desejo de ser feliz.

 www.boanova.net

 www.facebook.com/boanovaed

 www.instagram.com/boanovaed

 www.youtube.com/boanovaeditora

A BATALHA PELO PODER

Assis Azevedo
Ditado por João Maria

Romance
Formato: 16x23cm
Páginas: 320

Desde a remota Antiguidade o homem luta para dominar o próprio homem, tudo por causa do orgulho, do egoísmo, da inveja e, sobretudo, da atração nefasta pelo poder. Mesmo com o advento do Cristianismo, a humanidade não entendeu a verdadeira mensagem de Jesus, que era "amar o próximo como a si mesmo"

Esta obra, ditada pelo Espírito João Maria, informa-nos com muita propriedade sobre uma batalha desencadeada pelos nobres da Idade Média, cuja intenção era sempre lutar bravamente pelo domínio de tudo o que existisse, com a desculpa de que honrariam, assim, o nome de seus antepassados.

 www.boanova.net

 www.facebook.com/boanovaed

 www.instagram.com/boanovaed

 www.youtube.com/boanovaeditora

Entre em contato com nossos consultores e confira as condições.
Catanduva-SP 17 3531.4444 | boanova@boanova.net

CAMÉLIAS DE LUZ

**Cirinéia Iolanda Maffei
ditado por Antonio Frederico**

Romance
Formato: 16x23cm
Páginas: 384

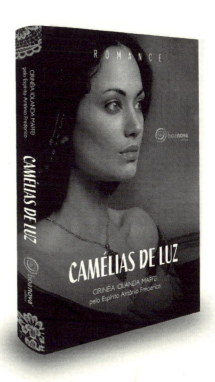

No Brasil do final do século XIX, três mulheres têm suas existências entrelaçadas novamente... Seus amores, paixões, derrotas e conquistas... Uma história real, lindamente narrada pelo Espírito Antônio Frederico, tendo como cenários as fazendas de Minas Gerais e o Rio de Janeiro pré-abolicionista... Pairando acima de tudo, as camélias, símbolos da liberdade!

O amor restabelecendo o equilíbrio. Mais do que isso, o autor espiritual descerra aos olhos do leitor acontecimentos que fazem parte da história de nosso país, abordando-os sob o prisma espiritual. As camélias do quilombo do Leblon, símbolos da luta sem sangue pela liberdade de um povo, resplandecem em toda a sua delicadeza. Uma história que jamais será esquecida...

 www.boanova.net

 www.facebook.com/boanovaed

 www.instagram.com/boanovaed

 www.youtube.com/boanovaeditora

17 3531.4444 | boanova@boanova.net | www.boanova.net

Av. Porto Ferreira, 1031 | Parque Iracema
CEP 15809-020 | Catanduva-SP

www.boanova.net | boanova@boanova.net

 17 3531.4444
 17 99777.7413
@boanovaed
boanovaed
 boanovaeditora

Acesse nossa loja

Fale pelo whatsapp